AF320957

MAR MOUSSA

Guyonne de Montjou

MAR MOUSSA

Un monastère, un homme, un désert

Albin Michel

à Jean-François Six

« Prétendre "observer" l'homme, c'est aller au-devant de bien des déconvenues. Nous voyons le tronc d'où il tire sa subsistance, mais lui-même est bien au-delà, déployé dans le dôme du feuillage, traversé par les murmures du vent, peuplé de nids de rossignol. Et le véritable réalisme est celui des poètes qui grimpent après lui comme un écureuil et ainsi entrevoient un coin du ciel pour lequel il vit. »

R.L. Stevenson,
Essais sur l'art de la fiction

Après-midi de juin
à Mar Moussa

Lorsque je voyageai pour la première fois au Proche-Orient, j'avais vingt-quatre ans. Dans mon esprit, « Beyrouth » évoquait la guerre, le feu, la poussière et l'exode des chrétiens. Mais dès mon arrivée, je sentis que la ville voulait dire autre chose. Beyrouth était rusée, tout entière occupée à faire oublier ses quinze années de guerre : dans les rues comme dans les salons, on ne trouvait que sourire, séduction et envoûtements. Après le Sommet de la francophonie que j'étais venue préparer, je partis avec deux amis visiter la Syrie, le pays voisin. Là, les visages parlaient une autre langue. Damas et Alep, récifs élégants jusqu'où les peuplades du désert se laissaient porter, me fascinèrent. La Syrie, pays de la Bible et du Coran, était presque la Terre sainte. Mais la Syrie moderne était enferrée dans ses contradictions, ligotée à ses combats... Elle était la Syrie de la lutte pour libérer la Palestine, de l'idéal panarabe, de la dictature et des militaires. Le 17 novembre 2002, au dernier jour de notre périple, nous nous trouvions dans un café de Damas, au bord de la mosquée des Omeyyades, lorsqu'un jeune Syrien nous parla du monastère de Mar Moussa. Ce fut la première fois que j'entendis ce nom.

Deux heures plus tard, je laissai mes amis prendre leur avion pour Paris et décidai de retarder mon retour à Beyrouth d'une journée : j'allais passer la nuit à Mar Moussa. Autour de ce nom, j'avais compris les mots « désert, silence, beauté, hospitalité » et l'énigme m'avait séduite. J'avais toujours été attirée par les lieux où l'homme se retire pour prier. Je sentais que Dieu aimait lui aussi à s'y reposer, comme au septième jour. Au Bec Hellouin, à Solesmes ou à Poligny, j'avais trouvé l'atelier qui fabriquait un réceptacle unique et mystérieux, original et solide, pour contenir ce qui débordait ma vie. Et à chaque fois, je quittais ces lieux avec une sensation de paix et de gratitude.

Mar Moussa était un monastère en ruine, rebâti par un jésuite italien vingt ans auparavant. Il y accueillait sans question les personnes de tous horizons et consacrait son énergie à rencontrer ce que la Bible appelle le « prochain » et la psychanalyse « autrui ». Pour Paolo Dall'Oglio, pour Mar Moussa, le tout proche, le voisin, c'était le musulman.

Ce jour-là, après une heure et demie de taxi-bus, je trouvai cet homme dans la ville la plus proche du monastère, comme s'il m'avait attendue pour rentrer chez lui. Il venait d'achever une conversation sur le seuil d'une maison, dans le quartier haut du village. Immédiatement, le contraste entre sa carrure d'ogre et son regard d'enfant me plut. Il interrompit la progression d'une crainte, apparue le long du trajet, en même temps que la nuit tombait sur cette région inconnue. Paolo m'emmena avec lui.

D'emblée, sa voix me sembla trop forte, trop « pulmonaire » pour l'habitacle de la voiture. Nous parlâmes de ses premiers séjours et de mes impressions sur Beyrouth. En regardant par la fenêtre, je voyais que le désert avait vaincu tout l'espace. Sa pénombre était immense, rien à l'horizon ne semblait pouvoir, ou même désirer, la rallumer. Dans cette voiture, nos paroles essayaient de lui opposer une vaine résistance. Qu'est-ce qui avait incité cet homme, citadin de Rome, à s'établir dans ce coin perdu du monde ? Que voulait-il trouver, cet héritier d'une des plus profondes traditions de l'Eglise, un jésuite, auprès des musulmans ? D'où lui venait cet épanouissement insolent ?

Au-dehors, je devinais un relief perforé de grottes. Paolo me dit que la montagne que nous traversions avait toujours accueilli des ermites. Ermites. Seuls dans le face-à-face. « Guyonne, Jésus a connu les grottes et les montagnes de cette région. Il les a fréquentées avec son ami intime, Jean-Baptiste. Ces deux garçons leur ont donné une portée immense. Ces grottes sont un cadeau : vingt siècles de prières y flottent. » Je le laissai dire, tandis que les yeux noirs de la montagne, les grottes, regardaient passer notre pick-up Mazda.

Il était presque vingt et une heures lorsque nous arrivâmes. A l'interruption du moteur, un silence gigantesque s'imposa. Pour le conjurer, en sortant de la voiture, je claquai ma porte : le bruit frappa la montagne. Devant mes yeux, rien. L'espace se gonflait. Je me retournai : devant, derrière, aucune forme n'apparaissait. Où étais-je ? Qui me savait là ? Qui m'attendait ?

La montagne ressemblait à la colonne vertébrale rugueuse d'un animal. Les pierres, roulant sur le silence, ponctuaient notre marche. La lune éclairait nos pas. Elle illuminait Paolo qui montait, tranquille, le corps délié, avec un plaisir visible. Nous approchions à tâtons d'une étrange bête. Soudain celle-ci apparut, dressée sur la montagne, à une dizaine de mètres : une façade sans fenêtre, une forteresse. Il fallait la frôler, la contourner, pour l'investir. De l'autre côté, la montagne continuait, escarpée, pointue, rocheuse. La bâtisse tenait les derniers mètres d'altitude avant l'immense horizon désertique, comme pour protéger le vertical, interrompre le désert et différer la chute du monde. Toute proportion m'était devenue étrangère. Quelle taille mesurais-je ? Comment allais-je passer cette porte d'entrée minuscule ? Finalement, je franchis le seuil, dépassai une deuxième ouverture et me dépliai sur une cour dallée, balayée par une brise délicieuse, venue du lointain. A ma gauche, il y avait une porte en bois devant laquelle des savates en plastique étaient amoncelées, comme au seuil d'une mosquée. J'avais perdu Paolo.

Je poussai cette planche verticale qu'aucun verrou ne retenait. Un tapis suspendu, chargé de poussière et d'encens, m'interdit le passage. Il comprimait la chaleur presque humaine du vestibule. Au-delà, j'entendis une voix proclamer quelque chose en arabe. J'entrai, c'était une église. Encore du silence et du noir. Au fond de mes yeux, la nuit s'écrasait : c'était à devenir fou cette nuit du monastère ! Il y avait une flamme, une seule, sur le parterre recouvert de tapis. A mon entrée, elle avait vacillé. Rien, en dehors d'elle, ne signalait que j'avais pénétré dans ce lieu. Je me postai derrière une colonne. Quelqu'un, dans un grand silence, cueillit la bougie sur le sol. Sa main rouge, translucide, s'approcha d'un visage jaune. Et ce petit ramassis lumineux avança vers une iconostase dans laquelle se trouvait un autel. Le rituel de la lumière avait commencé, comme dans toutes les religions. Chaque mèche, perdue dans la nuit, reçut sa flamme. Peu à peu je vis des regards inertes, des visages emmurés. Des fresques. Il y en avait partout, sur chaque mur. Grandioses.

Une dizaine de personnes étaient assises sur les tapis. Paolo en tailleur, jambes élastiques, dos à l'iconostase, comme un bouddha. Son visage avait changé. Il se mit à parler en arabe. Soudain, il se tourna vers moi : « Nous parlons ici la langue du Coran ; nous sommes dans une église de plus de quinze siècles et nous parlons la langue sacrée et liturgique de tout l'islam... parce que l'islam est une religion qui tend vers la Vérité tout entière, et c'est là qu'elle nous retrouve, nous, chrétiens. Nous nous plaçons dans l'axe du destin des musulmans, pour les comprendre de l'intérieur, pour les aimer. » Je ne compris pas. Pour moi, les religions parlaient à leur Dieu, chacune selon ses codes, son indifférence ou sa possibilité d'ouverture à l'égard des « infidèles ». Dans mon esprit, l'islam était né sept siècles après l'Eglise comme une immense provocation.

Il me fallut encore quelques minutes pour me sentir chez moi à Mar Moussa. Lorsque je sortis sur la terrasse, je vis que la terre était nue comme nulle part ailleurs. Au loin, on pouvait deviner quelque présence, des formes dans le désert, des lueurs ici et là, mais rien ne parvenait à recouvrir la nudité immense de la terre, son cri. Les bras du silence m'enlaçaient. Aimée, j'étais devenue le point culminant de tout le paysage.

A partir de ce jour, je voulus élucider le mystère de ce lieu. Il me fallut des centaines de journées dans ce désert, des heures de méditation dans ses grottes, des retours à Paris, beaucoup de rencontres et d'amour pour me décider à écrire ce livre.

J'ai profité de mon dernier reportage au Liban pour retrouver Mar Moussa, comme on rentre dans sa famille. Cette fois encore, j'ai trouvé intacte et mûrie la vie de la dizaine de moines et de moniales ; enrichie la bibliothèque ; agrandis les lieux d'accueil pour voyageurs et pèlerins ; approfondi le dialogue entre l'Eglise et l'islam ; fidèle l'engagement de Paolo à bâtir un lieu de convivialité.

Je ne connais pas d'homme sur terre dont les appétits

soient aussi grands que les siens. Ni les vastes espaces contemplés ni les cinquante années déjà vécues ne sont parvenus à modérer sa quête. J'ai accueilli sa longue confession dans la chaleur des après-midi de juin, pieds nus, sur les tapis bédouins du salon de Mar Moussa. Mais je ne l'ai reçue dans sa profondeur éclatante qu'après mon départ de Syrie, chez moi à Paris, assise sur le tapis que m'avait offert Paolo. Seule, j'ai cherché en moi l'émotion juste, pour la raconter à ceux qui cherchent la pureté de leur intention ou le sens de leur vie.

Il me fallait trouver le sentiment fondamental, pur, spirituel pour comprendre Paolo. Il me fallait également continuer à vibrer au contact de sa faiblesse, de sa pauvreté, de son humanité ordinaires. Marguerite Yourcenar, dont j'admire tant l'Hadrien, dit que « la manière la plus profonde d'entrer dans un être, c'est encore d'écouter sa voix, de comprendre le chant même dont il est fait ». Dans le silence du désert, une musique ténue se laissait peu à peu capturer au milieu des paquets de mots de Paolo, qui surgissaient par salves : cette mélodie au charme discret jouait en contrepoint. Comment à présent faire vivre la symphonie de Paolo ?

Comment restituer l'invariant de ce chant, sa solidité ? Sur quel sol a-t-il un jour déposé son intention de venir au plus près des musulmans, pour les aimer ainsi ? Qu'est-ce qui, dans la profondeur de son identité, l'a conduit jusqu'à Mar Moussa ? Quelle est l'efficacité de cette mission ? Un tel lieu peut-il sauver le monde ou va-t-il seulement perdre un homme, lui, et quelques-uns de ses moines ?

Au long de nos années de dialogue, quelque chose de son approche, de sa manière d'aborder les questions, me fascinait. Cette façon de réfléchir, je ne l'avais encore trouvée chez personne : Paolo était libre de la langue, des images, de la religion, du regard des autres, de l'Eglise, des biens matériels. Une chose, une seule, demeurait : sa fidélité.

S'il était simplement venu se cacher, échapper à la modernité, construire une belle maison ou une belle œuvre, il aurait simplement ressemblé à tant d'hommes idéalistes, adroits de leurs mains, à l'œil sûr... Mais la puissance quasi performative de son intuition lui a toujours interdit le calcul. Si l'on ne comprend pas cela, on ne saisira rien de cette aventure : Paolo, sans la recherche aveugle, effrénée, compulsive de sa propre vérité, n'eût été ni un fondateur d'ordre, ni un missionnaire, ni même un homme de Dieu. L'étonnante rencontre de cet homme avec une bâtisse abandonnée dans le désert montre l'empressement d'une âme à trouver un cadre propice à s'épanouir. Paolo, en chaque instant, traque un miracle et ainsi le provoque.

Un jour que j'avais avec lui une conversation importante, je le vis fermer les yeux. Je crus d'abord qu'il s'endormait et je baissai la voix. J'observai alors la forme de son visage changer : ses joues se creusaient, les maxillaires devenaient presque saillants, le cou s'affinait. Cela se passa vite. A la plissure de ses yeux, je compris qu'il se concentrait, qu'il rassemblait ses fragments pour n'être qu'une personne en train de m'écouter. Par le silence, nous reprîmes le fil de notre discussion. Tout avait changé. Désormais, j'avais la certitude d'être accueillie et son désir d'écoute appelait mon désir de dire. Paolo m'ouvrait l'accès à son espace de vie spirituelle. L'esprit descendait. Nous parlions ailleurs. Rien ne relevait plus de notre pouvoir : au fur et à mesure, en pleine liberté, nos résistances sautaient. Et moi je devais, comme lui, accepter consciemment et inconsciemment que l'esprit coule. Ouvrir les vannes. Je vis alors qu'un barrage existait en moi, qu'il disait toute ma peur d'être emportée. Ce barrage était le fruit d'une éducation, d'une histoire. Certainement il avait son utilité.

Dans la conversation que nous eûmes ce jour-là, je vis

que mon âme s'intéressait aux endroits où, au bord du barrage, il y avait des fuites. Mon âme cherchait le goutte-à-goutte. Cette humidité me faisait déjà toucher un peu des eaux puissantes qui, depuis bien longtemps, depuis le début de ma vie ou la création du monde, patientent à la porte.

Ah, quelle voie royale que Mar Moussa ! Partir au désert, y faire les exercices spirituels, goûter à la vie en profondeur, quel privilège ! S'ajoute maintenant la joie d'écrire ce livre, de vouloir faire du beau, du chant, du rêve pour tenter de dilater notre monde si compact.

Un jour, on demanda à Maurice Zundel : « Que désirons-nous naturellement ? » Le grand mystique répondit : « Connaître sans peine : rencontrer la vérité sous la forme d'un être vivant ou d'une personne vivante. C'est là un désir naturel. Si nous pouvions la voir et converser avec elle sans qu'elle cesse d'être esprit, nous serions alors pleinement satisfaits. » Paolo, souvent, cessait d'être esprit et son corps, sa souffrance, son immédiateté cherchaient maladroitement une place, une fonction, dans sa quête éperdue, désordonnée, impatiente de vérité. Paolo se faisait tyrannique, séducteur, riche, démuni, martyrisé, joyeux, sombre, petit garçon, enthousiaste..., et au milieu des oscillations éparses, multiples, nos heures s'égrenaient, fragiles, une fois pour toutes.

Nous entrons dans un livre d'entretiens, qui rend public ce qui « tient entre nous ». Entre le moine et la jeune fille, c'est le « vide médian » qui constitue la chair de ce livre ; entre nos deux consciences, nos deux fragilités, l'espace d'une plus grande vérité. Pris au vol, les propos de Paolo n'ont pas été dictés ; c'est leur esprit que j'ai tenté de retranscrire. Pour restituer notre maïeutique féconde et y associer le lecteur, j'ai désiré que ce livre ait un goût de « bouche à oreille ». Car je voulais qu'en lisant cette confession cueillie, chacun puisse s'émerveiller du miracle que peuvent constituer les rencontres de notre vie.

Un matin d'août où je travaillais dans une chambre en Normandie, je remarquai que l'épais feuillage des arbres du bois formait une courbe au-dessus de laquelle la mer s'agitait. La forêt apparaissait comme un calice béant, toujours à remplir. J'observai la forme que, cette année, la combinaison des pluies et des soleils avait donnée à ce récipient. Soudain, en une exacte proportion, apparut le panorama de Mar Moussa. Les arbres avaient remplacé les pierres, et la mer normande le désert jaune qui s'étend, làbas, à perte de vue. Une loi tacite se révélait : j'y devinai l'effort d'une vie qui arrive, et qui souhaite déjà, de quelque façon, préparer notre cœur à la recevoir.

PREMIÈRE PARTIE

Un poids invisible dans l'air

Comme je m'apprêtais à commencer ce livre, le visage d'un homme captant la lumière dans sa cellule de prison me revint en mémoire : il s'agissait du père de Paolo. Je lui demandai de me raconter à nouveau son histoire :

« Au début de la guerre, en Italie, mon père, Cesare Dall'Oglio, n'avait pas encore vingt ans. Après quelques mois, il emmena son petit frère dans le maquis. Un jour, ils finirent par être tous les deux arrêtés, mis en prison pour haute trahison et, bientôt, jugés par un tribunal spécial allemand. Le 12 mai 1944, leur mère se trouvait dans la salle d'audience pour entendre le verdict. Peine capitale. A l'annonce de cette sentence, elle s'approcha du box des accusés où ses deux fils se tenaient, abasourdis, leur prit la main et dit : "Mes garçons, offrez votre vie pour la paix." Etrange coïncidence de dates : le 12 mai 1974, moi, Paolo, j'ai offert ma vie pour la paix.

Le jour de l'exécution approchait et ma grand-mère remuait ciel et terre pour sauver ses deux fils. La veille au soir, le 2 juin, avant d'être confessés et de recevoir la communion d'un aumônier jésuite, ils se virent proposer un dîner. Deux assiettes pleines arrivèrent dans leur cellule... "Quel sens y a-t-il à se nourrir, la veille de sa mort ? Pourquoi nourrir un corps qui, demain, sera criblé de balles, inerte dans la poussière ?" Mon père répondit, dans son for intérieur : "Pour le moment je suis vivant, je mange." C'est beau, c'est juste. Peut-être qu'il avait faim... mais l'attitude est bonne. Elle dit en substance l'amour de la vie, le cadeau de chaque instant. Son attitude m'a marqué en profondeur.

Cette nuit-là, on entendit une femme frapper de toutes ses forces à la porte de la prison pour annoncer qu'elle avait obtenu le report de deux exécutions. C'était ma grand-mère. Au petit matin, seul leur camarade de cellule passa au peloton. Le lendemain, la libération de Rome commençait et les deux garçons furent emmenés dans la retraite allemande, vers le nord de l'Italie. A hauteur d'Assise, les deux frères parvinrent à s'échapper : ils étaient sauvés. »

Il m'était impossible de ne pas placer l'image de cet homme à l'orée du livre. L'histoire d'amour que vit Paolo Dall'Oglio à Mar Moussa surgit d'elle.

Découverte

Dans la bibliothèque de Mar Moussa, j'ai trouvé de vieilles photos aux bords arrondis, prises dans les années 1980. Elles présentaient une ruine jaune, sale, dévastée, se cachant dans la montagne comme un animal blessé. Certains clichés montraient des compagnons, hommes et femmes, portant des pierres ou bivouaquant au bord du feu. Parmi eux, un jeune barbu, la trentaine : Paolo. Son regard était différent ; ses yeux semblaient dire : « Je n'abandonnerai pas ce lieu. » Il n'avait pas encore vingt-huit ans lorsque Mar Moussa jeta son dévolu sur lui. Voici le récit que Paolo me fit de cette première rencontre.

Durant l'été 1982, alors que je voyageais au Proche-Orient, je découvris un vieux guide de Syrie publié en 1938. En le feuilletant, je trouvai un paragraphe décrivant un monastère chrétien, abandonné depuis deux siècles au milieu du désert. Le lieu s'appelait Deir Mar Moussa el-Habashi (monastère de saint Moïse l'Ethiopien). Pour y mener les voyageurs, le guide proposait de louer une mule à Nebek, la ville la plus proche, et de s'engager sur une piste dans le désert. Le trajet s'effectuait en trois heures. Cela me plut infiniment. Nous étions au mois d'août ; ma mission d'interprète arabe pour un agent de Caritas international qui parcourait le théâtre des conflits de la région touchait à son terme et je cherchais un lieu pour me retirer avant de rentrer à Rome. L'idée du désert et du monastère abandonné m'attira tout de suite. Certains tentèrent de me dissuader, trouvant déraisonnable que je séjourne si loin d'un village, sans eau, sans électricité, en plein mois d'août. Mais je sentais pour l'endroit une attirance singulière. Un soir, je préparai mon sac, comme si je savais ce qui m'attendait, comme si je connaissais physiquement le lieu où je m'apprêtais à aller. Mar Moussa était déjà en moi.

J'arrivai par le désert : rien n'avait changé depuis 1938 ! La piste glissait sur un territoire dépouillé, jaune et pierreux, au milieu des collines. Lorsque j'aperçus enfin la bâtisse, le soleil venait de disparaître. Elle était de dos, comme une femme défigurée baissant les yeux de honte. Chargé d'eau et de vivres, j'accélérai le pas pour l'atteindre avant la nuit... Un homme de Nebek m'accompagnait mais, pressé de rentrer chez lui, il m'abandonna une fois la porte d'entrée ouverte. Seul, alors que la nuit venait de poser son casque sur le paysage, je pénétrai dans la ruine.

Tout de suite, j'eus un mouvement de recul. Dans la cour intérieure, tout était cassé : il n'y avait pas de portes, pas de fenêtres, à peine quelques murs... çà et là, des traces de vandalisme, d'une volonté d'excaver sans ménagement, signes que des hommes avaient aidé le temps à démolir ce lieu. Dans ce chaos, je vis le reflet du drame de la région, ruinée par la guerre. A ma gauche, je remarquai que des murs étaient encore debout, comme pour circonscrire un espace différent : peut-être les parois de l'église... J'y entrai. Levant les yeux, je fus émerveillé par la splendeur du plafond que les étoiles formaient. Dans certaines églises, on peut trouver des étoiles dorées, peintes sur les coupoles d'azur ; ici, une profonde lumière d'étoiles pénétrait par les trois nefs de l'église. J'étais subjugué.

Au centre de la ruine, la timide lumière de ma torche électrique éclaira l'intérieur des arcs : de saintes femmes étaient peintes. Leurs visages miraculeusement conservés me regardaient. Elles m'interpellaient : « Qu'est-ce que tu fais là ? » Sans mentir, j'aurais pu répondre que je découvrais l'endroit de ma vie.

Immédiatement, je fus pris dans un tourbillon de présences ; toute l'histoire de l'Orient blessé et béni me parvenait. Il était dix heures du soir et j'étais comme attendu à cet endroit précis du désert. Avant de m'installer pour la nuit, j'ouvris une boîte de sardines. Une fois terminée, elle atterrit dans un des trous de la cour. Je disposai ensuite mon sac de couchage face au panorama, sur la partie la plus dégagée de la terrasse, de peur qu'un serpent ne descende sur mon visage. Mais au milieu de la nuit, un étrange bruit de cloches me réveilla. Mon esprit embrumé chercha d'où il provenait. Je me levai. A quelques mètres, je trouvai une souris en train de nettoyer ma boîte de sardines : le métal sur les pierres faisait tinter le carillon...

Nostalgie

Comme les amoureux racontent leur première rencontre, Paolo évoque ses émotions pionnières à Mar Moussa. Il n'ignore pas que depuis le début de son existence, peut-être même depuis l'origine du monde, cette rencontre se préparait. Egrainons, comme un chapelet, les « points lumineux » de sa vie.

Petit, lorsque je descendais à la plage, au début des vacances de Pâques, je m'amusais à faire le plus de bruit possible avec mes savates. En compagnie de mes frères et sœurs, j'empruntais un long couloir en ciment, serpentant entre les villas. Le bruit de nos sandales rejaillissait sur les parois : « Tchak tchak tchak... » C'était une descente impériale, comme des guerriers à cheval, et déjà, sans être visible, la mer jetait son odeur dans nos narines...

Paolo se redresse, toujours en tailleur, et fait un geste rapide de la main, comme s'il ingurgitait d'un coup, dans une forte inspiration, tout l'air disponible alentour...

A l'époque, je n'étais rien d'autre qu'un enfant qui faisait « tchak tchak tchak » en attrapant le parfum de la mer. Et là pourtant se trouvait déjà l'histoire de toute ma vie : descendre jusqu'à la mer, percevoir son goût, sans la toucher. La mer est comme la plénitude, j'y entrerai... j'en sens l'odeur, elle m'arrive. C'est grâce à cette odeur que l'infini m'attire. L'image de la descente à la mer est pour moi une parabole, l'annonce de ce que je vis aujourd'hui. La pureté de ma descente à la plage est intacte, mon désir d'aller en courant jusqu'à la mer sans cesse renouvelé.

La nostalgie a une fonction : elle nous déplace vers un moment de notre vie non pas parce qu'il a plus de sens que le jour présent mais plutôt parce que le présent cherche ses racines... Nous investissons l'instant où il a commencé à être semé dans notre vie.

Je pense qu'une fois que nous aurons quitté ce monde, nous mènerons un travail de nostalgie avec Dieu qui nous occupera pour l'éternité ! Ce sera un travail immense de revisitation de la vie. Nous comprendrons alors que Dieu était là à chaque instant. La vie éternelle sera la célébration de sa présence infinie auprès de nous. Infinie parce qu'elle est plus que notre vie : elle est toute la vie de Dieu, l'infini de la vie de Dieu à partir de ce point final, de ce point d'achèvement, de réalisation, de définitif qu'est notre vie. Voilà la valeur spirituelle de la nostalgie. L'exercice de la nostalgie est déjà un des exercices de notre vie éternelle.

Je lève les yeux : devant moi, tout n'est que roche et étincellement de poudres. Paolo est la pierre la moins solide du monastère, mais elle en fait partie. Quelque chose est minéral en lui : une matière brute enchâssée dans la chair et le muscle.

Pierre

Quelque temps après ma première communion, je passai une journée en famille à Assise. Dans l'après-midi, nous nous arrêtâmes à l'ermitage de saint François. J'avais six ans et je fus captivé par la pierre de sa cellule : sans lit, sans natte, saint François posait sa joue sur la roche, comme sur l'épaule d'une compagne. La pierre délimitait son espace vital. Son oreiller lapidaire m'apparut comme le symbole d'une pauvreté, d'une simplicité, de la proximité avec l'essentiel.

À Rome, je trouvai la même pierre dans les catacombes de Sainte-Priscille. Là encore, sous terre, la pierre donnait accès à une vérité, une profondeur, une universalité plus riches. En sortant des catacombes, je déclarai à Odile, notre jeune fille au pair française, vouloir me faire « prêtre-archéologue ». Puisque la pierre était gage de vérité et de simplicité, alors elle m'aiderait à donner ma vie pour Dieu. Ce fut vrai jusqu'à ce que je découvre le cinéma : cinéma contre pierre, ce fut le cinéma qui l'emporta ! Les salles obscures et les émotions du grand écran m'ouvrirent de nouvelles perspectives : je voulais devenir « prêtre-cinéaste »... De ces deux vocations pré-adolescentes, je retiens une chose : mon désir sincère de me faire prêtre.

Quelques années plus tard, à l'âge de treize ans, je traversai ma première crise d'athéisme. Avec Rossella, une amoureuse, j'allai poser des questions aux prêtres : qui nous assure qu'il y a un Dieu ? Qu'est-ce qui nous laisse croire qu'il est bon ? qu'il nous aime ? Que signifient l'Incarnation, la virginité de Marie, la Résurrection ? A ces interrogations, les prêtres répondirent de manière vague, désincarnée, théorique. Aussitôt je sombrai dans le doute.

Ne sachant plus à qui me confier, un jour j'expulsai ma rage au confessionnal. Derrière le treillage, je prononçai les mots de ma déréliction, de ma solitude ; je crois même avoir dit cette phrase un peu spectaculaire : « J'ai perdu la foi », avant d'éclater en sanglots... Le monde des certitudes enfantines, l'espace douillet des premières vérités, était en train de vaciller. J'avais touché la limite de la théorie.

En effet, sans l'expérience, la théorie religieuse n'a pas plus de valeur que la théorie athée. Sans le parfum du témoignage, tous les mots ont le même poids, la même odeur. Si elle ne trempe pas dans le vécu, la vérité est transparente et insipide. Les messes scoutes à la montagne m'ont toujours davantage ému que les meilleurs enseignements du monde, car en mettant en dialogue les mystères naturels et les mystères du souffle surnaturel, elles donnent accès à l'épaisseur de la vie de l'esprit. Certaines personnes, prédisposées à vivre dans un cadre d'autorité, s'accommodent peut-être de la théorie ; pour ma part, je crois que nous ne pouvons la transmettre qu'après l'avoir vue fondre en notre expérience.

L'Orient m'a aidé à comprendre le sens de l'expérience. Là, l'islam, l'hindouisme, le bouddhisme nous rappellent l'importance du vécu : Dieu aime arriver à chacun par le biais de quelqu'un d'autre. Nous devons nous donner mutuellement accès au mystère. Même si nous sommes limités, imparfaits ou impuissants, nous restons indispensables : Dieu est obligé de passer par nous pour aller aux autres. Il aime s'incarner pour toi en moi, il aime s'incarner pour moi en toi. Si nous refusons cette responsabilité, alors l'amour se désincarne, perd de son poids et de sa saveur.

Les chrétiens sont bien irresponsables de croire que seuls les prêtres ou les gens spécialisés peuvent transmettre la foi ! C'est oublier le témoignage original que chaque vie est appelée à délivrer. Comment imaginer que Dieu se satisfasse d'un nombre limité d'ambassadeurs ? Comme le dit Maurice Zundel : « Tous les chrétiens sont prêtres d'une certaine manière puisqu'ils participent à la vie de Jésus. Tous doivent représenter et donner le Christ. Tous participent à la vie de l'Eglise (...) donc chacun des chrétiens a une responsabilité analogue à celle du prêtre[1]. »

---

1. Maurice Zundel, *Recherche du Dieu inconnu*, Editions ouvrières, 1949.

Sensibilité

Paolo est le quatrième enfant d'une famille de huit. Une famille bruyante et généreuse, fille de cette Eglise de Rome qui ne ressemble à aucune autre parce qu'elle écoute avec un mélange de fraîcheur et de distance l'autorité ecclésiastique. Rome m'apparaît autant ville paysanne que berceau d'une immense civilisation. Elle est à la fois le lieu des catacombes et du Vatican, de la dissidence et de l'autorité. Si bien que le chrétien de Rome peut être parfaitement anticlérical tout en restant très pieux.

Longtemps, je fus chargé de lire l'Epître de saint Paul à la messe de l'école, devant un millier d'enfants. Debout sur l'estrade, je m'appliquais à prononcer chaque phrase du grand livre ouvert. Lorsqu'il n'en restait plus que deux ou trois, je sentais une violente nausée s'emparer de mon estomac. J'avais alors toutes les peines du monde à achever ma lecture, perturbé par le vomi qui menaçait à tout instant de jaillir sur la bible... La lecture achevée, je fermais la bouche et m'enfuyais jusqu'à la sacristie pour soulager mon mal dans le panier ! J'étais en proie au trac théâtral, typique !

L'année dernière, lors d'une retraite dans la montagne italienne, je me suis arrêté à la chapelle où nous allions souvent, sur la place du village. Dans cet endroit, enfant, je m'étais dit : « Mon grand danger, c'est l'orgueil. » Aujourd'hui, je définirais moins ma tendance comme de l'« orgueil » que comme une angoisse affective d'être reconnu. Bien sûr, ma crainte de ne pas être compris ou écouté peut se solder par une série de comportements orgueilleux, vaniteux ou exhibitionnistes, mais se sentir coupable de ces choses ne sert à rien ; cela ne fait qu'arrêter le mouvement sur soi-même. Et alors peu à peu, de Dieu on fait un instrument pour avoir l'air vertueux ; de ses parents on fait des outils pour sa croissance ; nous-mêmes, nous devenons les otages d'une série de fantasmes héroïques... Tout devient orienté par le regard des autres sur soi !

Pour échapper à cette tendance, il faut se poser sans cesse la question : « Restes-tu ouvert à la relation à autrui ou bien fais-tu de cette relation un instrument pour toi-même ? » Ma réponse pourrait ressembler à un vœu : « J'aimerais que la blessure générée par cet orgueil soit l'occasion de recevoir la grâce ; que cette plaie me permette de goûter au médicament ; que son dépassement devienne mon acte d'amour. »

Enfant, je rêvais les yeux ouverts. Ma vie quotidienne s'enrichissait de grandes visions, de rêves d'autoréalisation : j'étais lancé à la poursuite d'un monstre terrorisant les habitants d'une ville, je devenais le chevalier délivrant la princesse. Et toujours je me trouvais au cœur d'une aventure dont l'issue déterminerait le cours du monde... Dans mes longues heures de solitude, ma féconde imagination fut une compagne.

Coincé entre le groupe des trois aînés qui l'excluait, le trouvant trop casse-pieds, et celui des petits, avec les jumeaux en tête, Paolo était le solitaire de la tribu. Ayant développé une relation difficile avec les deux clans, il était le plus autonome de tous... certainement le plus turbulent aussi !

Un jour, mon oncle m'invita à un match de football, dans un grand stade de Rome. Le jeu et la gigantesque exaltation collective qui l'entourait ne tardèrent pas à me captiver. L'énergie débordait de mon corps : je hurlais en gesticulant, lançais aux joueurs, de ma voix la plus forte, des instructions. Certains, surpris par une telle énergie, se tournèrent dans ma direction... Mon oncle, très embarrassé, me conduisit jusqu'à la sortie. Ce fut un épisode de souffrance : j'avais un désir de participation infini, une énergie énorme à canaliser. Je compris que ce genre de spectacle pouvait être dangereux pour mon âme, qu'il risquait de l'écraser. Ce qui était bien pour d'autres pouvait m'abîmer. Plus jamais il ne fut question de football.

Paolo, assis en tailleur devant moi, a une carrure de pirate, de vieux chêne barbu. En lui une immense vague de pulsions que seules des montagnes lourdes, vieilles, arides pouvaient apaiser.
Il aurait pu haïr le monde et déchaîner sa violence contre lui. Dieu est un alchimiste.

S'il fallait retenir un aspect de mon caractère, ce serait l'hypersensibilité. L'énergie disponible dans mon corps est si grande, si tentée de s'exprimer sous forme violente, qu'elle doit sans cesse être dirigée vers une activité constructive. Le problème est que l'école ne propose pas de formule pédagogique spécifique pour canaliser les élèves hypersensibles : les professeurs vous traitent simplement comme un enfant difficile, un peu fermé sur lui-même, compliqué ou agressif... C'est ainsi que les professeurs me décrivaient toujours à mes parents...

Toujours, pas tout à fait : il y eut Maria Letha, la petite bonne sœur qui fut ma maîtresse de classe entre huit et dix ans. Même si elle était dure, je crois qu'elle avait compris quelque chose de ma sensibilité. J'ai beaucoup pensé à elle lorsqu'on a découvert il y a quelques années, parmi les fresques de l'église, une ermite, peinte au XIe siècle, qui s'appelait Letha. Cela me fait chaud au cœur de la voir dans mon église maintenant...

Femmes

Longtemps je vis ma mère absorbée par l'éducation de mes petits frères et sœurs. Deux ans après ma naissance, l'arrivée de jumeaux intrépides (deux dictateurs !) monopolisa son attention. Malgré cela, aucun de nos manques, désirs ou besoins ne semblait échapper à maman. Sa vigilance était aussi discrète que rassurante et quelque chose de son sourire, de son regard, me disait que son amour ne me serait jamais retiré. Grâce à elle, nous avons appris que l'amour existait sans condition, sans restriction, pour toujours. Cela nous a accompagnés tout au long de notre existence : mes frères et moi, au moment de faire nos choix les plus radicaux, avons gardé la certitude d'être aimés.

Lorsque je portais les pulls tricotés de sa main, je me sentais habillé de son amour. Aujourd'hui, je pourrais dire que j'adorais maman de loin. Lorsqu'elle discutait, je contemplais ses habits, la blancheur de sa peau. Je la contemplais tout en acceptant qu'elle ne fût pas à moi, qu'elle ne m'appartînt pas. Elle était beaucoup plus à mes frères qu'à moi.

Ma petite sœur m'offrit les signes d'affection qui me manquaient. Elle s'appelait Immacolata, la pauvre... Un prénom horrible... enfin, merveilleux, mais bien trop grand pour une petite fille. En français Immaculée ça sonne mieux... Très vite, nous l'appelâmes « Maqui ». Maqui fut mon premier amour : je la défendais des jumeaux, objectivement horribles avec la pauvre innocente, et elle me récompensait de son affection. Maqui était, comme moi, d'une sensibilité extrême. Je devins à la fois son justicier et son soupirant.

A treize ans, je rencontrai Rossella qui, d'un an mon aînée, me propulsa dans l'adolescence. Durant les grandes vacances, nous nous retrouvions au sommet d'une colline, Rossella posait sa tête sur ma cuisse et je lui caressais les cheveux. A la même époque, je faisais une série de découvertes sur moi-même. Avec mon physique de petit homme, je me fondais aisément dans les groupes aînés pour passer des après-midi à danser dans les vieilles maisons abandonnées de la montagne. Là s'éveilla une sexualité qui s'annonçait débordante et un douloureux sentiment d'incohérence : car en même temps que je tenais au principe de fidélité et d'amour chaste, je me plaçais dans des situations de lourdes tentations.

Enfin, à l'âge de seize ans, j'entrai dans ma première véritable relation amoureuse. Bien qu'étant un garçon précoce, je gardais le désir, comme un sceau sur le cœur, de faire le don de ma vie, de mon corps, de mon affectivité, de manière totale et virginale. Et puisque je souhaitais vivre pleinement notre relation, je proposai à cette fille de m'épouser ! Elle refusa, de peur de ne pouvoir formuler un engagement aussi absolu que le mien. Nous souffrîmes un an avant qu'elle me quitte enfin. Ce fut terrible : je ne comprenais pas comment le dessein d'amour si transparent que j'avais formé pouvait se briser. Je me sentais abandonné.

Néanmoins, je n'attendis pas longtemps avant de jeter mon cœur dans une énième histoire. Cette fois, la famille de cette nouvelle amoureuse m'accueillit comme l'un des siens. J'aimais cette fille et elle me le rendait bien. Mais à mesure que je me passionnais pour la politique, que je devenais peut-être trop « idéologique », elle s'éloignait. Après mon bac, elle me quitta.

Alors je me dis : « Plutôt que de chercher à tout prix une autre fille, maintenant je vais essayer d'attendre. » Que voulais-je trouver ? Je n'en sais rien. Je faisais en sorte qu'une prochaine histoire ne soit pas le lieu d'un besoin compulsif d'affection. Je voulais que la relation devienne l'espace du don gratuit. Pendant des mois, j'expérimentai une attente active.

Ce premier « désert » fut, pour Paolo, un véritable cadeau de maturation. Il m'évoque un poème de Rilke qui va ainsi :

> *« O ma sainte solitude,*
> *tu es riche, vaste et pure*
> *comme un jardin qui s'éveille.*
> *O ma sainte solitude,*
> *tiens fermées les portes d'or*
> *devant quoi les désirs veillent[1]. »*

Autour de ces histoires, il y en eut quelques autres, moins importantes, qui se terminèrent souvent faute de combattant. Car il faut reconnaître que les amours de Paolo étaient chargées d'une telle quantité d'idéalisme qu'elles devaient vite devenir invivables.

Moi-même, je crois que j'étais invivable.

---

1. Rainer Maria Rilke, *Avent, Poésies 2*, Seuil, p. 64.

A mon sens, le mariage se justifie si on a le désir de se donner pour toujours. Si le « toujours » et le « total » existent, alors l'essentiel, la vérité du don, est là et la sexualité devient l'expression de cette vérité. Sinon la sexualité n'est pas à son niveau, elle dit autre chose. Durant mes années d'adolescence, je parvins à garder ma virginité pour faire le don de toute ma personne à une seule femme, qui serait la mienne. Pour moi, la fidélité n'était pas une qualité secondaire, elle était la personne tout entière. Le principe de fidélité venait de plus loin que moi, il prenait sa source dans mon éducation : être fidèle était un principe idéologique accolé à celui de justice. Et si nous nous cachions pour danser notre dérive dans ces maisons abandonnées, c'est peut-être parce que ce principe n'était pas assez intériorisé.

Bouche

Jamais je n'ai cru à l'amour cosmique.

J'ai toujours cru que l'amour était personnel, qu'il était pensé pour être particulier et que plus il s'incarnait dans le réel, plus il était vrai. Je n'ai jamais réussi à séparer l'amour d'un visage, d'une interpersonnalité.

Marie de Nazareth fut aimée d'une façon toute personnelle. Ainsi, elle n'est pas seulement le *symbole* de l'Eglise, le symbole de l'humanité, la nouvelle Eve...

Avant tout, elle est cette petite Marie aimée par Dieu de façon personnelle, avec une forme d'yeux particulière, une bouche dessinée ainsi, une démarche, un regard et un rire spécifiques. Par son originalité, elle est le point culminant de l'humanité, qui peut accueillir un surplus de vérité pour le monde. Et si le Créateur est capable d'aimer si fort une Marie, pauvresse de Nazareth, alors pourquoi ne pourrait-il pas aimer chaque homme avec la même intensité, à l'infini ?

Engagé

Il y a chez Paolo, à travers ses colères, ses rires, ses folies, ses amours, ses entêtements, une gravité. Elle vient de loin, elle vient de sa chambre à Rome, d'une adolescence solitaire et volontaire, d'un engagement sans jeux. La vie religieuse n'est pas une fin mais plutôt un instrument pour atteindre le plus vaste, dès maintenant. C'est l'impatience de Dieu.

Mon père avait été un de ces jeunes hommes choisis vers la fin de la guerre pour fonder la nouvelle classe politique italienne. Pour contrer la vague communiste qui déferlait sur le pays, il s'engagea chez les démocrates-chrétiens. Un soir, dans le train qui le ramenait d'une grande bataille politique, Alcide de Gasperi, chef du parti, futur chef de gouvernement et l'un des pères de l'Europe, s'endormit sur son épaule. C'est dire la confiance qu'il lui portait.

En 1947, mon père devint délégué national de la jeunesse du parti. Plus tard, il fut élu secrétaire général du syndicat des petits agriculteurs du pays. A son contact, je découvris l'engagement pour la société, le sens de la vertu collective, la passion de vouloir canaliser les pulsions humaines en vue du bien commun. A l'adolescence, déjà introduit dans les cercles de réflexion du parti, je goûtais à la fièvre des masses politisées : j'espérais que la politique deviendrait le lieu où je m'exprimerais, manifesterais mon charisme, me battrais pour mes idées.

Paolo devint militant gauchiste, avec l'âme d'un révolutionnaire, d'un justicier. Consacrant son temps à la lutte politique, délaissant les études, il finit par ne plus passer dans la classe supérieure. Les professeurs ne comprenaient pas qu'il pût être aussi brillant dans les idées et si médiocre à l'école. Il voulait aller au plus urgent, voler au secours de tout le monde.

Il s'engagea dans le parti socialiste de Nenni qui, détaché du bloc communiste, restait marxiste, pour tenter d'y introduire quelque chose de chrétien. Paolo cherchait la combinaison de ce qu'en italien on appelle il socialismo dal volto umano *(le socialisme à visage humain) et, en attendant, il ratait ses études.*

Demander à mes parents de financer mon redoublement me sembla tout à fait bourgeois. Aussi un jour je déclarai que j'irais travailler. J'avais seize ans lorsque je devins réparateur de bateaux dans un chantier à Fiumicino, près de Rome. C'est là que je découvris la fraternité ouvrière et le travail manuel. L'environnement était aussi authentique que celui des paysans de la montagne. Les ouvriers étaient des gens simples, attachants et travailleurs. J'étais chargé de faire « chauffer au rouge » des clous et des boulons pour construire la coque des bateaux. Un jour, distrait, je laissai le fer couler dans le feu. Un ouvrier me vit et, piquant une colère, il me jeta une boîte en carton au visage. Cet incident me choqua et, tout en me donnant le désir de me concentrer sur une seule chose à la fois, il me révéla une forte vulnérabilité : bien que je ne l'admette pas, j'étais resté un garçon à fleur de peau.

Les enfances douloureuses propulsent vers l'âge adulte. Elles vous expulsent en quelque sorte. L'intériorité, elle, garde son rythme tranquille. Voilà pourquoi un « petit homme » peut se trouver envahi par la détresse, en une proportion infinie.

Mes journées étaient tout entières occupées au chantier : je quittais la maison de Rome à l'aube et rentrais tard le soir, après deux heures de trajet. Lorsque l'été arriva, mon père, ne voulant pas me laisser seul à Rome, décida de sacrifier ses vacances à la montagne. Voyant son attention concentrée sur moi, je décidai à contre-cœur de revenir à l'école et de passer mon bac, comme tout le monde. Ce fut le premier acte d'amour réaliste de ma vie, doublé d'un puissant sentiment de sacrifice.

A nouveau sur les bancs de l'école, je rattrapai le temps perdu. Concentré sur mes manuels comme sur mes boulons, j'obtins mon bac à dix-neuf ans. A cette époque, je commençais à avoir un rythme de prière soutenu : j'allais à la messe presque chaque jour. J'abandonnais ma mobylette devant les églises au petit matin, sur la route de l'école.

Avec un ami, nous allâmes un jour visiter des sœurs contemplatives. L'ordre auquel elles appartenaient était connu pour abriter d'anciennes détenues et, parmi elles, certainement quelques prostituées... Bien que ces femmes n'évoquent jamais leur passé, nos imaginations d'adolescents pubères fantasmaient un peu sur elles ! Le jour de notre visite, l'une d'elles nous parla du corps mystique du Christ de telle manière que, en l'écoutant, je sentis la vérité de ce qu'elle disait. Cette femme décrivait son union avec le Christ au moment du sacrifice eucharistique avec une sincérité extraordinaire.

En sortant, je déclarai à mon ami : « Même si on nous a fait des tonnes de catéchèses à l'école, jamais personne ne nous a parlé du corps mystique du Christ ! » Il se moqua de moi et me rappela tous les cours de catéchisme que je n'avais pas compris... Dans mon for intérieur, je sentais : « Cette femme m'a fait toucher le corps mystique du Christ, elle m'a ouvert à une perspective contemplative qui pourrait remplir toute une vie. » Trente ans plus tard, je me trouve ici, à Mar Moussa, tandis que cet ami a perdu la foi. J'aimerais aujourd'hui qu'il se rappelle cette sœur et qu'il la comprenne, pas seulement avec son intelligence.

J'appris un jour que le chef scout que j'idolâtrais dans mon enfance avait lui aussi perdu la foi. Comment quelqu'un qui m'avait aidé à comprendre Dieu pouvait-il perdre la foi ? Mystère. L'époque était en crise. L'Eglise, affaiblie par le lourd examen de conscience qu'elle menait dans le Concile Vatican II, ne parvenait pas à apaiser les angoisses de son clergé. Si bien que, en dix ans, la moitié des prêtres que je connaissais défroqua. Tout devenait fragile. Lorsque j'avais besoin de conseils, je me tournais vers ceux d'entre eux qui m'apparaissaient plus solides, grâce à quoi je trouvais toujours quelqu'un.

Nommé à mon tour chef de patrouille scoute, je lançai le projet de construire une barque. Nous le réalisâmes avec succès : la barque voguait sur le lac pour notre plus grande fierté. Mais un jour, las de caboter, les scouts voulurent passer à une nouvelle activité. Alors la barque fut abandonnée pendant des années, dans la cour de l'école des jésuites. Passant dans les couloirs, je la voyais renversée, ventre à l'air... Elle m'annonçait toutes les barques symboliques de ma vie qui allaient être renversées.

La barque d'aujourd'hui pourrait être Mar Moussa, un monastère renversé ! Un projet dans lequel on met tout son engagement, toute sa passion mais qui, pour mille raisons, en viendrait à chavirer : une ambition qui apparaîtrait nécessaire à ceux qui la réalisent mais qui n'obtiendrait jamais la caution des instances qui peuvent la pérenniser, et ce parce qu'elle serait démesurée, prématurée ou simplement insoluble dans son époque...

Plutôt que naviguer, les scouts préféraient partager le sort des plus nécessiteux. Aussi, pendant l'été, nous organisâmes quinze jours de camp dans un bidonville de Rome. Avec quelques-uns, nous dormions dans le taudis immonde d'un garçon qui nous offrait l'hospitalité. Je n'avais jamais vu une telle saleté ! La première nuit, je crus que les odeurs pestilentielles allaient me tuer : la cohabitation et le manque d'hygiène m'asphyxiaient.

Au bout de trois jours cependant, je commençai à m'accommoder aux bruits et à la saleté des toilettes : ce que j'avais cru impossible était devenu réalisable. Tout restait dégueulasse, mais moi j'avais changé : je me sentais utile. Lorsque vint le moment de quitter l'endroit, j'éprouvai un douloureux arrachement...

Il faut se coller à la pauvreté, se frotter à elle, se dresser à son contact, autrement nous ne sommes pas libres.

Pour être proches les uns des autres, nous devons dépasser la répulsion instinctive que provoque la vue de toute misère. Instinctive, car le fait de s'appauvrir est contre nature. Se rendre solidaire des pauvres l'est également. Notre dynamique vitale nous porte plutôt à nous enrichir, à améliorer notre confort et notre sécurité. Mais si nous adoptons le mouvement, qui n'est pas inné, de rechercher la simplicité des pauvres, nous trouvons alors l'immense flot d'amour des petits de ce monde. Là se niche une réserve inépuisable de bonheur.

Vers l'Orient

L'été de mon bac, je partis avec trois amis visiter en voiture les pays de l'Est. Sur la route de la Tchécoslovaquie, nous nous arrêtâmes à Dachau, en Allemagne. Les photos de détenus dans les camps de concentration m'avaient toujours bouleversé, mais là, dans ma chair, leur souffrance ineffable m'atteignait. Le peuple juif me devenait proche. Sa souffrance en ce lieu me bouleversait d'autant plus que, moi aussi, j'étais le fils d'un homme persécuté par les nazis.

Arrivés en Tchécoslovaquie, nous dûmes modifier notre programme : les restrictions de circulation des voyageurs étant plus lourdes que prévu (les autorités administratives exigeaient le paiement d'une taxe quotidienne, trop chère pour nos portefeuilles de bacheliers), nous arrivâmes rapidement en Turquie.

C'était la première fois que j'entrais dans l'Orient musulman. Immédiatement, l'« efficacité » de l'appel du muezzin me séduisit : les hommes abandonnaient leur tâche, leur métier, et couraient s'agenouiller dans la mosquée. Nous découvrions avec fascination que le monothéisme était polymorphe, et nous voulûmes remonter à sa source. Jérusalem devint notre nouvelle destination. Traversant en vitesse la Turquie et la Syrie, une nuit nous bivouaquâmes sur une montagne de cette région, proche de Mar Moussa.

La ruine du monastère vit peut-être le groupe de ces jeunes voyageurs approcher : cette nuit-là, elle renifla, recueillit, observa le sommeil des quatre garçons, dans la montagne géante pour n'en choisir qu'un.

Nous terminâmes notre route en Jordanie, car là les Israéliens nous interdirent de passer le Jourdain. Malgré tout, le périple avait été l'occasion de découvertes merveilleuses : j'avais palpé la cohérence culturelle du monde islamique. Les musulmans de tous les pays s'agenouillaient dans le même geste, priaient dans la même langue ; Indonésiens, Pakistanais, Américains ou Jordaniens, ils étaient frères. Chacun glissait dans sa bouche les paroles de Dieu à Muhammad, chacun mimait son attitude, chacun espérait, par là, recueillir un peu de la révélation pour lui-même.

Depuis la voiture, je m'étais demandé comment l'Eglise pourrait s'ouvrir à cette différence-là. L'intuition fondamentale de ma vie était en train d'apparaître.

La solidarité des musulmans, leur générosité envers les plus pauvres, rejoignait certainement le vieux rêve socialiste de Paolo ! De retour à Rome, il décida de quitter la maison familiale pour s'installer dans un quartier populaire de la ville, chez une vieille femme handicapée, Luigia. Pendant des mois, il loua la chambre de son petit appartement et s'occupa d'elle. A côté, il avait trouvé une paroisse sympathique, très populaire, dans laquelle il allait souvent prendre ses repas. En même temps, Paolo poursuivait ses activités politiques et ses études de droit à l'université. C'est dans ce contexte que, à son insu, put mûrir sa vocation.

Appel

Il y a trois ans, alors que nous déjeunions dans un restaurant à Damas, Paolo m'avait raconté l'appel qu'il avait ressenti un soir de mai 1974. Il me l'avait décrit comme un éclair déchirant la nuit. Son récit avait pulvérisé les murs de l'étroit couloir dans lequel notre table était installée. Cette aventure était extraordinaire : au petit matin, il avait reçu une marque indélébile et pris un engagement pour toujours.

Le récit d'aujourd'hui conserve le parfum des premières rencontres, inoubliable.

J'ai dix-neuf ans. Le 12 mai 1974, à Rome, je suis invité à l'anniversaire d'une fille que, plus jeune, j'ai aimée. Nous passons la soirée à discuter, rire et danser jusqu'au moment où, tard dans la nuit, il ne reste plus d'autre invité que moi. Et je n'arrive pas à partir. Mon amie et moi engageons une conversation nostalgique (l'heure s'y prête) à propos de notre histoire : où sont passés les rêves que nous partagions jadis, lorsque nous étions amoureux l'un de l'autre ? Où les avons-nous rangés ? Je constate que notre complicité est intacte. J'hésite même, je crois, à l'embrasser...

Mais là s'installe, soudainement, une étrange atmosphère entre nous (plus tard, elle m'avouera n'avoir rien compris à ce qui se passait). A la périphérie de notre conversation, j'ai le sentiment d'une présence, je suis saisi dans un vertige... Je me retrouve les yeux fermés, ailleurs... dans une dimension que je reconnais sans l'identifier tout de suite... Une zone infiniment spirituelle qu'il me semble avoir déjà palpée mais jamais avec la force de ce soir-là.

Jamais je n'ai entendu de réponse aussi dramatiquement personnelle, aussi vraie, réelle et historique. C'est un « maintenant » incroyable.

Dans mon cœur, j'entends ces mots très simples : « Je te veux pour moi-même, je te demande... je souhaite que tu sois à moi. »

Ce n'est pas imposé, non, ce n'est pas un ordre, non, c'est un mot d'amour : « Je te propose d'être pour moi. »

Lorsque j'atterris, hagard, je propose à mon amie de lire quelques psaumes...

Je venais de recevoir un cadeau aux multiples profondeurs. L'une d'elles était le désir d'universalité. Une autre la prêtrise. Une troisième la volonté d'être envoyé : que le même qui me disait : « Sois pour moi » m'envoie. Vraiment, je préférais être envoyé plutôt que d'avoir à choisir parmi tous mes rêves.

L'appel m'enjoignait à servir l'Eglise en devenant prêtre. Et, tout de suite, je voulus entrer dans la Compagnie de Jésus.

Ma réponse fut, comme moi, explosive. J'enfourchai ma mobylette en chantant à tue-tête. Dans les rues de Rome, j'explosai de joie. Peu de fois dans ma vie je fus aussi heureux que cette nuit-là. J'étais vraiment aimé. Aimé, aimé, aimé, infiniment. Aimé sans condition.

La jeune fille, complice malgré elle de ce corps à corps entre Dieu et Paolo, a disparu. Pourtant elle a joué un rôle singulier dans son aventure : sans elle, sans l'attachement un peu nostalgique qu'elle animait dans son cœur, quel appel eût-il pu entendre ?

Le « détournement » de ce transport amoureux fut si habile que, de la même façon que Simone Weil l'avait été, Paolo ne pouvait que se trouver « embrassé » par surprise : « Dans mes raisonnements sur l'insolubilité du problème de Dieu, je n'avais pas prévu la possibilité de cela, d'un contact réel, de personne à personne, ici-bas, entre un être humain et Dieu. J'avais vaguement entendu parler de choses de ce genre mais je n'y avais jamais cru. (...) Dans cette soudaine emprise du Christ sur moi, ni les sens ni l'imagination n'ont aucune part : j'ai seulement senti (...) la présence d'un amour analogue à celui qu'on lit dans le sourire d'un visage aimé[1]. »

Je dormis peu. Au petit matin, je repris ma mobylette pour aller voir mon père spirituel, Giuseppe, qui se trouvait à l'aumônerie de l'université. A l'accueil, on me répondit que, préparant un document important, il souhaitait qu'on ne le dérangeât pas. Loin de me décourager, je passai par la cour arrière et me postai sous sa fenêtre en criant : « Giuseppe ! Je veux être jésuite ! » Ma phrase tonna comme un coup de canon et je vis un petit bonhomme apparaître à sa fenêtre : Giuseppe était sorti de ses livres. Il me regarda, ému, et m'assura : « Maintenant, on va prier les uns pour les autres ! » La chose était dite.

---

1. Simone Weil, 1ʳᵉ lettre au père Perrin, 1942, *Autobiographie spirituelle*, Quarto Gallimard, p. 772.

Appel

Au cours du camp scout qui suivit, bien qu'il sût son désir de devenir prêtre, Paolo fut sensible au charme d'une jeune fille. Dans le même temps, une autre tomba amoureuse de lui.

Face à ce méli-mélo affectif, un après-midi je m'enfuis seul dans la montagne. Parvenu au sommet, je mis le visage à terre et criai : « Ma condition naturelle est d'être amoureux : fais-en quelque chose ! Fais en sorte que je sois toujours amoureux de toi ! Sinon ça ne marchera jamais ! »

Armes

A son retour, Rome lui parut une ville trop étriquée, trop petite, trop immobile. Et puisque, un jour ou l'autre, il aurait eu à effectuer son service militaire, puisqu'il aimait la montagne, Paolo choisit de s'engager chez les chasseurs alpins. Avant de partir, un après-midi du mois d'août, assis dans leur bureau, il attrapa le regard de son père et de sa mère ; là, avec des larmes, il demanda leurs prières pour être fidèle à son souhait d'être jésuite... Immédiatement, son père, qui le savait coureur de filles, eut peur qu'il ne parvienne pas à rester chaste. Sa mère, elle, fut très douce. Elle lui dit que la porte de la maison lui serait toujours ouverte.

A l'armée, le fait de savoir qu'il allait devenir prêtre n'apaisa pas le tempérament d'adolescent révolutionnaire de Paolo. Avec quelques gauchistes chasseurs alpins, il formula l'hypothèse que l'Italie allait subir un putsch militaire, sous l'impulsion des Américains. En effet, le pays traversait une grave crise politique et, dans le monde entier, les Américains soutenaient des coups d'Etat militaires. Alors, comme s'ils étaient déjà entrés en résistance, ils préparèrent l'occupation de la caserne... Leur plan était, en cas de putsch, de prendre les armes, de renvoyer ceux qui ne voulaient pas combattre, de détruire la caserne et de prendre le maquis ! Finalement, il n'y eut pas de putsch, et Paolo fut envoyé au cachot.

Durant ces mois, aucune des épreuves qu'il traversa ne parvint à affaiblir sa détermination, ainsi qu'il le raconte.

Comme tout conscrit, je devais prêter serment. La cérémonie se déroulait à la fin d'une messe obligatoire. Pendant l'office en plein air, au garde-à-vous devant l'autel, je mis un point d'honneur à ne pas bouger d'un millimètre, manière d'être irréprochable et de dire toute mon indignation devant ce simulacre de messe ! Un officier qui avait remarqué ma rigidité me donnait des coups de coude pour vérifier que je n'étais pas en cire ! Çà et là, j'entendais des fous rires, des blasphèmes, des moqueries.

Depuis mon immobilité, je voulais dire mon appartenance à un Jésus de Nazareth scandalisé, utilisé pour le pouvoir, pour l'armée. Je trouvais terrible qu'une messe pût être obligatoire. Au moment de la consécration, je me mis à pleurer sur cet infini mystère d'amour, d'offrande et d'humilité. Dieu était là, vivant, humilié, sur la Croix.

Terre sainte

Je voyais la fin de mon service militaire approcher et, derrière lui, la grande inconnue : le noviciat... A quoi ressembleraient mes journées une fois sa porte franchie ? Quelle marge de liberté me resterait-il ? Devrais-je attendre des années avant de partir à nouveau ? Dans l'éventualité qu'il s'agisse de mon ultime voyage, je choisis d'aller en Terre sainte : j'allais enfin voir Jérusalem !

Je passai là des jours inoubliables. J'aimais marcher sur les mêmes routes, m'asseoir sur les mêmes rochers, dormir sous les mêmes étoiles que Jésus...

Je me trouvais sur la terre de l'Evangile, dans les mêmes eaux, avec les mêmes pêcheurs : c'était fantastique ! Du mont Carmel au mont Thabor, j'aurais pu passer tout mon périple à genoux. Je le fis un peu d'ailleurs : lorsque j'aperçus au loin les premiers reflets du lac de Tibériade, je lançai au ciel : « Toi, Seigneur, tu as fais des folies pour moi, moi aussi je veux en faire pour toi ! » Je devins intime de Jésus.

La solitude de ces heures me plut. Je désirais qu'elle dure toujours. Descendu à pied de Jérusalem à Jéricho, je rejoignis une plage magnifique, déserte, sur la mer

Morte. Après une matinée chaude et un après-midi orageux, je fus heureux de me jeter dans l'eau. Très salée, celle-ci procura à mon corps une sensation de légèreté indescriptible. Une fois sorti, la peau blanchie par le sel, je me rendis compte que je n'avais aucun endroit où me rincer. Finalement, je me fis à l'idée de passer la nuit dans cette chape de sel et continuai ma route vers ce qu'on appelle la « montagne des tentations », au nord de Jéricho, où j'avais l'espoir de trouver l'hospitalité d'un monastère orthodoxe. La peau de mon visage me tirait.

Soudain, je sentis tomber une première goutte de pluie... Puis quelques autres jusqu'à ce que, sans transition, un orage éclate pour me rincer de tout mon sel ! Arrivé, dégoulinant, à la porte du monastère, je m'entendis refuser l'hospitalité que je demandais. J'allais tourner les talons lorsque, le moine et moi, nous fûmes surpris par un bruit fracassant : en amont, les trombes d'eau avaient regonflé le fleuve et celui-ci pénétrait violemment dans une nature desséchée par trois mois de canicule. Nous regardâmes bouche bée le spectacle de l'eau qui, comme une tête de serpent, avançait dans le désert. Enhardi par tant de puissance et de beauté, je demandai au moine la permission de traverser son monastère afin d'atteindre la montagne sur laquelle je pourrais trouver une grotte d'ermite pour la nuit. Il accepta.

Le soleil venait de se coucher lorsque je l'atteignis. Elle était remplie de chauves-souris. Celles-ci furent bientôt chassées par des pigeons. Cela n'y changea rien : aucun de ces bruyants volatiles ne voulait de moi dans sa grotte. Je résolus de m'installer à la belle étoile. Cette nuit-là, l'histoire du corps mystique du

Christ telle que la sœur de Rome nous l'avait racontée remonta à ma mémoire. Tout au long d'un sommeil qui ne venait pas, je la méditai, en contemplant l'immense désert qui s'étendait jusqu'à la mer Morte.

Je sentais l'esprit des ermites qui avaient vécu là, je voyais la trace de leur passage dans la grotte : des trous pour mettre les livres, des excavations pour ranger les objets de culte, etc. Avec cette demeure, ils étaient les plus riches des hommes. J'en conclus que si la vocation d'ermite, de dépouillement, de solitude n'avait pas de sens, alors la vie n'avait pas de sens.

Quelle que soit l'œuvre de sa vie (convertir la Chine, bâtir l'Eglise ou changer le monde), il fallait que Paolo puisse ne prononcer qu'une seule parole : « Dieu suffit », tout au long. S'il n'y parvenait pas, alors aucune de ses actions ne serait juste et véritablement efficace.

A l'aube, je m'adressai au ciel en ces termes : « Seigneur, si tu ne m'en donnes pas l'ordre, je ne descendrai pas de cette montagne. » Alors m'apparut le souvenir de mon engagement à rentrer au noviciat : la réponse était donnée. Il était encore trop tôt pour m'arrêter.

Plus tard, devant le tombeau du Christ, à Jérusalem, je sentis une lourde angoisse s'abattre sur moi. Toute ma faiblesse, mes scrupules, ma lourdeur et ma morbidité me sautaient aux yeux.

Son paysage intérieur instable n'épargne pas Paolo, prostré, à l'apothéose de son pèlerinage en Terre sainte. L'angoisse physique du réprouvé qui fut sienne devant le tombeau du Christ, on la reconnaît, certains soirs, au geste avec lequel il s'assied dans la chapelle baptismale de Mar

Moussa, adossé contre un meuble en bois, comme un mendiant devant la mosquée.

J'allai visiter le mémorial de Yad Vashem pour approfondir la réalité des juifs de notre temps. Là, comme à Dachau, je sentis le poids de souffrance d'un peuple torturé. Je vis comment, désormais, cette souffrance serait inséparable de celle du peuple arabe en Palestine. Abraham avait souffert en ses fils : le sacrifice d'Isaac (main levée du Patriarche pour l'immoler) et l'exil d'Ismaël (renvoi d'Agar avec l'enfant) formaient une blessure toujours saignante dans son cœur déchiré. Ce périple en Terre sainte m'avait donné accès, en profondeur, au sens de l'Incarnation de Jésus dans un peuple concret, le peuple juif. Comme Jésus l'avait fait, l'Eglise devait pouvoir s'incarner radicalement dans tous les peuples...

Chasteté

Pour moi, renoncer à la femme fut difficile. L'équation « jésuite égale chaste » était exigeante. Et même si la chasteté n'était pas si lointaine du modèle d'amour idéal de mes parents, la sexualité restait un combat, le lieu intime de mon identité, l'espace d'une fragilité.

Mais le jour où je compris que la question de l'abstinence sexuelle ne se résoudrait jamais, cette vulnérabilité commença à me plaire : la sexualité serait toujours l'espace de ma faiblesse ou de ma victoire !

Ceux qui croient avoir résolu le problème de la chasteté dans leur vie de moine, de moniale ou de prêtre sont des bureaucrates de l'Eglise : il aurait mieux valu pour elle qu'ils se marient !

Paolo laisse un silence. Je le regarde : il est assez beau, son corps est présent dans toute notre conversation. Il change de position, s'accommode, prend ses aises. C'est un corps qui se montre : pied nus, bras nus. C'est un corps qui dit qu'au sujet de la chasteté, rien n'est fermé.

A mesure que l'on grandit, la question de la chasteté se dramatise parce que l'amour, l'affection, la fertilité sont les antidotes de la mort. Ainsi, plus nous approchons de la mort, plus l'angoisse de rester vivant à travers ses enfants devient une vérité psychologique. A vingt ans, la chasteté est belle parce qu'on vit de nos rêves. A trente ans, la chasteté est plus difficile parce qu'on a besoin de réalité. A quarante ans, elle est ardue parce que le besoin de famille et d'enfants grandit. A cinquante ans, la difficulté est insoutenable car le dernier train quitte la gare. A soixante ans, si on est seul, c'est jusqu'à la mort ! Je le dis tout le temps à ceux qui veulent devenir moines.

Certes, au long de notre existence, les besoins physiques (pour ne pas parler des besoins affectifs qui sont infinis !) se transforment mais ils persistent. Je ne désirerais pas une vie religieuse qui mette le corps et l'affectivité de côté. Qu'on soit pape, moine ou gigolo, nos organes génitaux ont toujours le même poids... la chasteté ne les fait pas rétrécir ! Alors que faire avec ?

Moi, j'ai choisi d'en faire un attribut qui puisse projeter, par le manque d'emploi, un Eros sur le monde culturel et spirituel. Notre phallus devient l'icône physique de l'espace ouvert par notre esprit. Il est le rappel continuel de notre vœu, de notre choix. Il est la concentration d'une symbolique érotique qui doit toujours chercher à se réemployer, à se redistribuer.

Le prêtre ou la religieuse gardent leur désir sexuel tout au long de leur vie. Leur désir est un moteur, un cheval, une voiture, une moto, il est l'énergie qui les fait aller chercher plus haut, plus loin, plus profond.

A Mar Moussa, je préfère avoir des moines qui ont des problèmes avec la chasteté que des moines châtrés ! C'est la Vie, c'est Dieu qui nous invite dans son royaume. Il croit en l'homme. Il croit en la fertilité. Il croit en la femme. Il a confiance en notre vie sexuée et affective. Nous ne sommes pas jaloux des anges, ce sont les anges qui sont jaloux de nous !

Ceux qui deviennent moines, prêtres ou moniales sans être véritablement appelés transforment la chasteté en un désir de perfection pour eux-mêmes, rétréci et volontariste. La conviction d'être appelé est intérieure, absolument individuelle. C'est la personne dans sa profondeur qui dit oui ou non, pour le meilleur et pour le pire...

Certains considèrent que la vie monastique est contre nature. A mon sens, si on porte sur elle un regard généreux, on se rend compte que, bien au contraire, elle est faite pour la nature. Evidemment, pour ceux qui considèrent que la nature est un lieu de reproduction compulsif, alors oui, la vie monastique est certainement contre nature ! Mais cette nature là, je vous la laisse... En revanche, pour ceux qui comprennent la vie monastique comme ouverture de la « nature-nature » sur la « nature-surnature », sur la dimension finale du sens de l'existence, alors la vie du moine est hypernaturelle.

La vie monastique est l'aventure de quelques hommes et de quelques femmes qui disent qu'il y a quelque chose d'autre à explorer, une autre dimension. Elle dit que l'amour gratuit peut devenir le Tout, le fondement radical d'une expérience affective et relationnelle.

Ainsi, par leur chasteté, les moines et les moniales veulent annoncer le Royaume à venir et déclarer que ce monde est en train d'être levé, qu'il touche à sa fin. Ils se tiennent dans l'avant-ciel.

La vie religieuse se trouve à la charnière entre le monde visible et invisible, entre l'ici-bas et l'espace dans lequel chaque atome aspire à entrer.

Chez les Pères du désert, l'ascèse matérielle était devenue la priorité des priorités : ils voulaient se libérer des choses physiques pour se sentir authentiques. Je trouve leur conception très provocatrice ! Dans le fond, ils croyaient qu'en devenant complémentaires de leurs contemporains, ils se sauveraient eux-mêmes et concourraient au salut du monde. De manière quasi scientifique, ils cherchaient à voir jusqu'où pouvait aller l'homme s'il voulait vivre d'esprit. En faisant cela, ils exerçaient une fonction d'élévation, cathartique et purificatrice par rapport à leur époque. Ils avaient un sens plus aigu que nous de la solidarité du monde spirituel. Ils le tenaient peut-être des anciennes religions, de la magie, de l'ésotérisme.

Lorsque l'injustice se trouva autant dans la société que dans les instances de l'Eglise, le moine n'eut plus que son propre corps pour devenir saint. Pour sauver le monde qui partait à la dérive, il apprivoisait son corps, le corps de l'Eglise baroque et décadente étant, lui, rivé aux classes sociales et aux rigidités dogmatiques. Certains partaient en mission, d'autres soignaient les malades mais la plupart restaient concentrés sur l'espace de leur corps. En recourant aux mortifications, flagellations ou bien aux cilices, les moines croyaient pouvoir conjurer leur Eros ! Le même Eros qu'ils n'arrivaient pas à projeter dans l'espace social.

Paolo, moine du XXIᵉ siècle, se sent moins séparé du monde que ses prédécesseurs. Il cherche son propre équilibre entre l'âme, le corps et l'esprit. C'est-à-dire qu'il ne souhaite pas seulement rééquilibrer le monde, il désire lui-même être équilibré !

Le Concile Vatican II a rappelé aux hommes d'Eglise et

au peuple de Dieu que le monde n'était pas maudit, comme les Anciens voulaient le croire. Aujourd'hui, la vie religieuse n'est ni compensatrice ni opposée au monde. Les moines et les moniales ne sont pas étrangers à l'humanité, ils en font partie, ils sont leurs frères et leurs sœurs même s'ils vivent séparés physiquement.

Exercices

Paolo m'a avoué que, lorsqu'il était entré à la Compagnie de Jésus en 1975, il avait ressenti l'arrachement le plus puissant de toute sa vie. Jamais avant, jamais après, il n'avait éprouvé autant de nostalgie que ce jour-là. Je le comprends comme le gage d'une offrande entière, d'un choix radical, d'un pas décisif. L'arrachement est à la mesure de la vérité du pas. C'est à cela qu'on reconnaît nos grands choix.

Après trois mois de noviciat, j'entrai dans le grand mois ignatien des exercices spirituels. Leur principe est simple : pendant trente jours, chacun s'isole avec la Bible et cherche à écouter la parole de Dieu en lui-même. Il est aidé par un maître qui le conduit d'une étape à l'autre. Au terme des exercices, il repart avec une lumière nouvelle, liée au discernement obtenu dans le silence et la méditation, plus libre pour sa vie personnelle.

Dans ces premiers exercices, je travaillai de toute mon âme. J'essayais de comprendre les choses, les paroles, les rêves, le plus profondément possible. Là, très loin, je trouvai une forte angoisse d'athéisme : « Comment pouvais-je avoir pleine confiance en Dieu ? » Cette question devenait un refrain lancinant. Pour y répondre, je considérai la bonté : « Si moi, Paolo, imparfait, je me sens la capacité de faire le bien et de donner ma vie pour les autres, alors jusqu'à quel point en est capable Dieu, créateur de toute chose ? »

Si par hasard je découvrais que Dieu était mauvais, alors j'essayerais de m'enfuir le plus loin possible de lui ! Et si je me rendais compte que Dieu nous avait créés pour rire, pour nous trouver ridicules, alors je ferais tout pour m'en éloigner : j'irais dans l'inexistence s'il est dans l'existence, ou j'irais dans l'existence s'il s'avérait qu'il n'existe pas. Pourvu que j'évite ce monstre !

Paolo laisse sa phrase claquer dans l'air, résonner dans la pièce, comme s'il attendait qu'un courroux s'abatte sur lui, qu'une force punitive s'engouffre dans le même espace, si ouvert, si disponible qu'il a accordé à Dieu dans son cœur. Mais rien ne se produit. Toujours cette indulgence...

Au septième jour des exercices, alors que je me trouvais dans la chapelle pour voir si Dieu existait encore, j'entendis les paroles que Jésus avait adressées à ses disciples à Capharnaüm : « Voulez-vous partir, vous aussi ? » Alors, avec Pierre, je répondis, par le cœur et par les larmes : « Seigneur, à qui irons-nous ? Tu as les paroles de la vie éternelle » (Jean 6, 67).

Alors j'entrai dans une nouvelle phase : je devins jaloux de la sainteté de Dieu (pourquoi m'avait-il condamné à être pécheur ?) : j'étais conscient que Dieu ne pouvait pas se désintéresser de moi, car Dieu est saint et le saint, toujours solidaire (tout en restant distant de mon péché, il se rend intime de ma souffrance), mais je désirais fortement me suffire à moi-même.

Paolo pourrait-il aujourd'hui se passer de Dieu ? Dans quelle mesure vit-il sous « assistance spirituelle » ?

Lorsque Paolo aime quelqu'un de tout son cœur et qu'il sent que cet amour le déborde, il peut lui dire : « Je ne suis qu'un agrégat d'égoïsme, je ne sais pas t'aimer par moi-même. Mais en moi, il existe un atome d'amour gratuit, qui vient de Dieu. Je te l'offre, à toi, personnellement. »

Cet atome d'amour divin qui se trouve en chacun de nos cœurs peut nous projeter au-delà de la vie et de la mort. Non seulement il nous fait vivre mais il nous ressuscite.

Pendant la deuxième semaine des exercices, une pensée me vint, dans le sillage d'une méditation de Charles de Foucauld sur les trente années de vie cachée de Jésus à Nazareth : je voyais Jésus adolescent en train de courir dans un champ de blé, avec la brise et le soleil. Je le voyais sourire, chanter, être bien. A un moment, il s'arrêtait et s'exclamait, ébloui : « Le créateur du ciel et de la terre, c'est mon père ! »

Imagine le moment où Jésus sentit vibrer cela dans sa conscience humaine ! Chacun est appelé à faire la même expérience.

Piliers

*Il paraît que le terme « destinée » n'est pas très chrétien.
Et pourtant, je vois sans peine la destinée humaine comme
une série de hasards consolidés. Aléatoires, contingentes,
inutiles, nos rencontres, nos visions, se rendent, après coup,
fondatrices, incontournables, évidentes. Chaque jour est la
dégringolade d'une nouvelle falaise, impossible à remonter
en un temps semblable. Nous avançons vers un point dont
nous ignorons l'exacte situation mais sous l'œil duquel tout
s'illumine.*

En 1976, comme je me trouvais dans la chapelle des
novices, après d'innombrables questionnements sur
l'opportunité de devenir chartreux plutôt que jésuite, je
fus « visité » avec la même intensité que le 12 mai 1974,
jour de mon appel. Nous étions le 6 février, fête de
saint Paul Miki, martyr jésuite au Japon. Comme si la
boîte du 12 mai continuait à m'offrir des cadeaux, cinq
réalités m'apparurent.

*Paolo s'arrête net. Je lève les yeux : il a disparu. J'entends
qu'il dévale l'escalier. J'efforce mon esprit à se maintenir
dans la chapelle, suspendu à sa « visite ». Je reste immobile,*

jusqu'à ce qu'il revienne, portant à la main un cahier emballé dans du plastique : son journal d'exercices. Il est jauni, entrelardé d'une multitude de papiers qui, à chaque fois qu'on les déplie, se déchirent un peu plus. La fragilité de notre mémoire n'est jamais conjurée par nos livres.

Voici les cinq piliers qui m'apparurent :

Le premier m'encourageait à poursuivre avec joie le chemin commencé dans la Compagnie de Jésus. Dans mon histoire, je comprenais son origine, devinais sa cohérence. Il me fallait être fidèle à cette ligne de force et résister à la tentation d'entrer à la séduisante Chartreuse.

Le deuxième point me demandait de garder entière ma disponibilité à aller n'importe où dans le monde avec enthousiasme, courage et foi pour porter la bonne nouvelle.

Juste au-dessous de cette demande, je vis écrit en lettres latines sur l'horizon un mot : « Islam ». C'était un mot nouveau, incandescent, d'une clarté infinie. Ce mot puissant venait d'être soufflé, pour toujours, sur le dessein de ma vie.

La troisième réalité concernait les pauvres ; elle rappelait à ma mémoire le combat pour la justice sociale que je menais depuis mon adolescence. Cette fois encore, dans une parenthèse, je pouvais lire : « Les pauvres, assoiffés de Dieu ». J'y compris l'encouragement à venir au secours des plus démunis matériellement mais aussi à servir les gens qui, désespérés, opprimés, malades, avaient perdu Dieu.

La quatrième me parla d'un échec. Il me fallait dépasser le désir de réussir, d'accomplir des choses grandes ou estimées, pour rester un petit serviteur, humble ouvrier travaillant à la vigne de son maître. Si j'y parvenais, j'aurais la preuve qu'il est possible de faire un don de sa personne qui soit total.

Le cinquième point révélait un désir de participer à la Croix du Seigneur. Je me tenais prêt à souffrir physiquement voire à mourir, pourvu que cela serve au salut de mes frères.

Simone Weil étaye cette idée : « Il ne faut pas désirer le malheur ; cela est contre nature ; c'est une perversion ; et surtout le malheur est par essence ce qu'on subit malgré soi. Si on n'est pas plongé dedans, on peut seulement désirer qu'au cas où il surviendrait, il constitue une participation à la Croix du Christ. Mais ce qui est en fait perpétuellement présent, ce que par la suite il est toujours permis d'aimer, c'est la possibilité du malheur[1]. »

---

1. Simone Weil, *L'amour de Dieu et le malheur*, Quarto Gallimard, p. 705.

Inculturation

En septembre, Paolo entra en deuxième année de noviciat. Après trois mois, continuant à sentir une attirance pour l'islam, il en instruisit le maître des novices. Celui-ci l'invita à rencontrer le père Arij Roest Crollius, un Hollandais, fin connaisseur de l'islam, enseignant à l'université. Paolo suivit son conseil. L'idée d'inculturation de la foi que ce grand érudit défendait lui apparut fascinante.

L'inculturation est presque un concept théologique. Déjà elle est un sacerdoce. Elle consiste à chercher un juste niveau de dépouillement pour briser les clôtures identitaires. Elle instille quelques doses de vulnérabilité et de pauvreté qui, seules, permettent la vraie rencontre. L'homme inculturé n'abandonne pas ses racines, il les enrichit au contact de l'autre.

S'il avait refusé de vivre durant un temps donné, trente-trois ans, dans une région précise, la Palestine, avec une culture spécifique, juive, alors, à l'évidence, Jésus n'aurait jamais pu rencontrer l'homme durant vingt siècles.

Dieu, à travers Jésus, s'est comme « inculturé » en l'homme.

S'il avait voulu se tenir partout, et écraser le temps de sa toute-puissance, Dieu aurait perdu ce petit concentré *d'être (contestable, inexplicable, contingent, polémique) en Jésus qui rend possible la proximité, le doute, la vie intime de chacun de nous avec lui.*

Notre effort d'inculturation moderne consiste, je crois, à se laisser rejoindre voire mettre en péril par ces « autres » que nous rencontrons.

Sur la recommandation d'Arij Roest Crollius, Paolo fit une semaine d'exercices spirituels auprès d'un jésuite italien, Francesco Rossi, qui, lui, avait reçu la vocation d'une proximité avec les juifs. Grand théologien hébraïsant, déjà intime du futur cardinal Martini, il avait su développer un amour profond des juifs. Paolo apprit beaucoup à son contact. Au terme de leurs entretiens, cet homme lui dit : « L'inculturation est une belle chose. Mais on ne peut la réaliser que si on commence par trouver celle que Jésus a exercée dans sa chair à lui, la chair juive. »

Paolo comprit ce jour-là que l'Eglise ne pourrait se tourner vers l'islam que si elle assumait, en profondeur, l'inculturation du Verbe dans la judéité. Dorénavant, Paolo poursuivrait sans relâche le rêve de faire se rencontrer les mondes en lui-même.

Miracles

.

Pourquoi ne pas croire aux miracles ? Ils sont le signe que Dieu s'impatiente, qu'il met le « turbo » dans certaines vies. Si chacun fait un examen rétrospectif honnête de sa vie, il trouvera à l'évidence, çà et là, de petits miracles, chargés d'autorité. Il est délicieux d'identifier les miracles dans la vie des autres. En voici un.

Pedro Arrupe, père général de la Compagnie de Jésus, vint un jour de février 1977 visiter le noviciat de Rome où je me trouvais. Ce petit homme basque, médecin de formation, avait réussi en huit ans à changer en profondeur l'ordre jésuite pluriséculaire. On ne peut se figurer sa stature si on ignore la tragédie de sa vie : alors qu'il était déjà jésuite, en 1945, et qu'il dirigeait le noviciat au-dessus de la ville de Hiroshima, au Japon, il vit la bombe tomber sur ses habitants. Epargné par les radiations, il fut le premier à porter secours aux victimes.

L'horreur qu'il vit ce jour-là aurait pu le révolter contre l'humanité pour toujours. Au contraire, il préféra lui offrir sa prière, son amour, sa patience, son pardon et la douceur infinie de son regard. Du fait de sa foi, de son discernement et de sa justesse, il prit la tête de la Compagnie de Jésus, comme un serviteur dévoué.

A cet homme d'immense envergure qui visitait notre maison à Rome, quelqu'un dit : « Le novice Paolo aimerait vous parler », et il me reçut. Quelques instants plus tard, j'étais agenouillé à ses côtés dans la chapelle. Après dix minutes, il m'indiqua le siège en face du sien et me demanda la raison de notre entretien. « Je désire offrir ma vie pour le salut des musulmans. » Il me regarda avec un œil malin et me répondit : « C'est une mission très difficile, mais si c'est la volonté du Seigneur, elle se fera. » Je crus comprendre dans ces mots qu'il m'invitait à être patient.

Or il advint qu'une semaine plus tard, je fus convoqué à la curie généralice, la maison mère des jésuites à Rome. Ne pouvant imaginer que l'information ait déjà circulé, je me préparais à une rencontre classique avec un aîné jésuite. Lorsque j'arrivai, on me présenta l'homme qui s'occupait de la province du Proche-Orient. Il proposa que j'accompagne son déjeuner ; je m'empressai d'accepter. Entre l'entrée et le plat principal, il planta son regard dans mes yeux et dit : « Ta mission est acceptée. »

Je croyais rêver : comment l'homme qui organisait la mission de trente mille personnes avait-il pu écouter, comprendre et accepter l'intuition qu'un tout jeune novice avait eu l'audace de lui confier ? Par quelle science Arrupe pouvait-il confirmer une vocation naissante ? Je n'avais pas encore vingt-trois ans, un noviciat en cours et j'allais partir pour apprendre l'arabe à Beyrouth ! Le processus était véloce, la machine huilée, en marche... Comme je me réjouis, ce jour-là, d'appartenir à un ordre capable d'écouter toute personne et d'accompagner minutieusement chacune !

Il est bon de prendre au sérieux les jeunes lorsqu'ils traversent la phase psychologique et spirituelle de projection. L'ambition qu'on devine dans leur regard exprime l'amour et la fidélité qui vont les accompagner tout au long de leur vie. Si nous n'écoutons pas les désirs apostoliques des jeunes jésuites, ils deviennent des religieux embaumés, frigorifiés !

Pendant deux mois, Paolo servit des pizzas dans un restaurant italien du quartier de l'Odéon, à Paris, pour améliorer le français dont il aurait besoin au Liban. Durant ses heures libres, il écoutait des cassettes de Molière au Centre Pompidou et lisait des BD d'Astérix...

Paolo me raconte quelques gaffes amusantes de serveur. De cette époque, il garde un rire de garçon de café, bruyant et rauque, qui éclate encore parfois, un tantinet forcé.

A Paris se profila une rage d'apprendre qui le tiendra longtemps.

Au début du mois d'octobre, j'arrivai enfin à Beyrouth, attendu par le père Kolvenbach, chef de la province jésuite du Proche-Orient. On m'installa rue Huvelin, dans la résidence des jésuites, à quelques mètres de la ligne verte, le front de la guerre. Çà et là je trouvais des barricades, des façades criblées d'éclats d'obus et des écoles détruites.

Au moment où j'arrivai, le conflit entrait dans une phase d'accalmie. Ainsi je pus me concentrer sur la langue arabe et découvrir sa prodigieuse difficulté. Comme je l'avais fait à Paris, je me lançai corps et âme dans son apprentissage, m'interdisant de lire ou de comprendre quoi que ce soit qui ne fût pas arabe.

Ce comportement valut à Paolo quelques inimitiés dans sa résidence : il apparaissait comme un petit tyran, obligeant ses collègues libanais francophones à discuter entre eux en arabe et à écouter les nouvelles à la radio arabophone !

Cette crispation n'est pas sans lien, je crois, avec sa déception à l'égard de la mentalité des chrétiens d'Orient : tout en devinant leur difficulté à s'intéresser à l'islam, du fait de leur caractère minoritaire, Paolo regrettait qu'ils mènent une vie aussi séparée des musulmans.

Le 8 décembre 1977, il fit ses vœux de jésuite à Bikfaya, dans la montagne chrétienne du Liban, dressée face à la Méditerranée au bleu profond.

L'hôte

A vingt-trois ans, alors que je faisais pour les vacances le voyage de Beyrouth à Louxor, je tombai gravement malade. L'effet combiné de la chaleur et des microbes m'affaiblit de manière si soudaine que je crus mon voyage définitivement terminé... Lorsque la violente crise de typhoïde se déclara, je me trouvais dans un train en troisième classe. Les passagers, voyant mon état se détériorer, laissèrent une place sur la planche à bagages pour que je m'étende jusqu'à la prochaine gare.

Quand nous arrivâmes dans une ville appelée Souhag, je les suppliai de me jeter au-dehors. Ils m'aidèrent à descendre et lancèrent mon sac par la fenêtre avant que le train ne reparte. Seul, au bord de la voie ferrée, je parvins à me traîner le long des rails, me cachant pour vomir... Enfin j'agrippai un banc. Je m'y assis. Juste à côté, des femmes musulmanes pleuraient.

Il faisait chaud dans le désert où Agar, renvoyée de la maison d'Abraham, s'enfuit avec son fils Ismaël. Imaginant qu'il allait mourir de soif, elle se disait : « Je ne veux pas voir mourir l'enfant ! » Elle s'assit vis-à-vis de lui et se mit à crier et à pleurer. Dieu entendit les cris du petit et l'Ange de Dieu appela du ciel Agar et lui dit : « Qu'as-tu, Agar ? Ne crains pas car Dieu a entendu les cris du petit, là où il était. Debout ! Soulève le petit et tiens-le ferme car j'en ferai une grande nation. » Dieu dessilla les yeux d'Agar et elle aperçut un puits. Elle alla remplir l'outre et fit boire le petit. Dieu fut avec lui, il grandit et demeura au désert, et il devint un tireur d'arc » (Genèse 21, 15-20).

Après quelques minutes, un jeune homme arriva et s'assit à côté de moi. Dans un arabe approximatif je lui racontai que mes compagnons de train avaient agi comme le Bon Samaritain de l'Evangile. Le garçon était musulman, il ne connaissait pas cette histoire. Toujours assis sur mon banc, à bout de forces, je la lui contai.

Lorsque j'eus fini, il me dit : « Tu sais, j'attendais un ami au train, il n'est pas venu. Je te propose de devenir mon ami. » J'acceptai. Dès lors, il se chargea de moi, me prit physiquement sous son bras... De la gare jusqu'à chez lui, il me traîna comme un gros paquet pendant une demi-heure.

Il n'avait qu'un lit, il me le donna. Il alla me chercher des médicaments à la pharmacie et me soigna pendant vingt-quatre heures. Je passai la nuit à vomir dans ses toilettes. Il avait posé mon sac tout près de moi pour que je n'aie pas peur qu'il me vole quelque chose.

Ce fut l'hôte, par excellence. L'hôte absolu. Il était étudiant. Le lendemain, il me ramena à la gare, je pris un ticket de seconde classe, et retournai au Caire pour me faire soigner. Cet été-là, je fis mon premier ramadan, j'entrai dans les mosquées pour prier... Je commençai à toucher à l'esprit de la langue arabe.

La fuite

A la fin de l'été 1978, Paolo partit faire sa deuxième année d'études à l'université Saint-Joseph de Beyrouth. A son arrivée, la grande bataille d'Achrafieh avait commencé : une pluie de bombes s'était abattue sur le quartier chrétien et l'université jésuite vivait au ralenti.

Un soir, les murs de notre appartement reçurent plusieurs tirs de roquette. Dans la rue, je trouvai un enfant tétanisé, armé d'une mitraillette plus grande que lui, cherchant à rassurer sa petite sœur, en larmes. A cet instant, je sentis le désir de me battre, non par haine mais plutôt par amour, pour défendre les enfants du quartier. La guerre m'attirait.

Cette nuit-là, tandis que j'interrogeais le Seigneur dans la chapelle éventrée, j'entendis des paroles dans mon cœur, en langue arabe, claires comme une incision de feu sur le cuivre : « Je te veux pour un temps qui vient après ce temps-ci. » Je devais donc quitter le Liban, avant de me laisser prendre dans l'engrenage guerrier qui m'aspirait.

Le lendemain matin, je ramassai mes affaires, mis les valises sur ma tête comme un réfugié, sortis du quartier et pris le premier avion. Partir sans me battre fut pour moi une faillite cuisante. En arrivant à Rome, je pleurai.

Paolo appuie son regard. Il le plante dans le désert qui, derrière moi, est béant, caressé par les couleurs de la journée, mobile comme une danseuse.

A Rome, Paolo dut se sentir à l'étroit, brisé dans son élan ; comme saint Ignace, fondateur de son ordre, il était parti pour ne jamais revenir.

A l'été 1980, après deux ans d'études de philosophie, d'arabe et de civilisation islamique à Naples, il obtint une bourse du ministère de la Culture israélien pour partir à Jérusalem apprendre l'hébreu. Rien dorénavant ne semblait plus pouvoir réfréner son désir de comprendre le monde sémite.

Pendant deux mois cet été-là, je m'inculturai dans le peuple de Jésus. Je retrouvais mes premières émotions de Palestine, et le mystérieux pouvoir qu'elles avaient eu sur ma destinée. Un soir je fus invité à célébrer le Shabbat dans la famille d'un ami d'origine irakienne. La tradition et le respect du rituel me firent beaucoup d'effet, de même que la grand-mère qui me parlait en arabe tout en allumant les mèches de bougies dans une coupe d'huile... Nous allâmes à la synagogue et, là encore, je me sentis chez moi.

A travers le judaïsme, la filiation à Jésus-Christ devenait nette, historique : elle était sienne.

D'un autre côté, mon travail, mes découvertes, mes voyages avaient tant façonné ma solidarité pour la cause des Palestiniens que je me sentais infiniment proche des arabes et des musulmans. De fait, j'éprouvais une difficulté à m'inculturer dans le judaïsme avec autant d'entrain que je l'avais fait dans l'islam. A mesure que j'étais confronté au mépris des colons pour les Arabes, que j'étouffais sous le poids de l'appareil sécuritaire, un blocage linguistique à l'égard de l'hébreu s'installait.

Arriva le moment où, comme lorsqu'un nerf est sectionné, je ne parvins plus à l'apprendre. Ne supportant pas de nourrir un tel manque d'amour, je fis une journée de retraite pour dresser la liste des bonnes raisons que j'avais d'aimer le peuple juif. En premier lieu apparurent les figures de Jésus, de l'apôtre Pierre, de saint Paul. Tous étaient juifs. Chacun je les aimais. Vinrent ensuite les visages de la Vierge, des prophètes. Puis, avec mon imagination, je parcourus l'histoire de la haine entre juifs et chrétiens en Europe. Je voyais les bateaux de juifs accoster pendant des siècles sur les côtes de Terre sainte pour faire leur *Allia*, j'y sentais leur désir de trouver leurs racines, par la sueur et par les larmes plutôt que par les armes. Enfin, je revisitai dans mon âme les images de déportation des juifs de Rome pendant la Seconde Guerre mondiale. Comment pouvais-je me sentir éloigné de ce peuple ? Et même s'il apparaissait comme un ennemi de mes amis, comment pouvais-je ne pas l'aimer ? Cette journée porta ses fruits : à la fin, à nouveau, j'avais multiplié mon amour pour le peuple juif. Mes progrès linguistiques s'en ressentirent.

Un jour, je dis dans une prière au Seigneur : « Je veux bien que tu aies aimé les juifs à mort. Eh bien moi, j'aimerai à mort les musulmans en ton nom ! »

Dans la lettre en hébreu qu'il écrivit pour remercier le ministère de sa bourse, Paolo fit une promesse : celle d'offrir toute sa vie pour la pacification des fils d'Abraham.

Syriaque

A son retour de Jérusalem, Paolo apprit qu'il était envoyé à Damas. Ce fut le début de sa lune de miel avec l'islam.

Dans la capitale syrienne, comme il l'avait fait au Caire, il entra dans les mosquées, se posta en silence derrière les musulmans, pria avec eux. Dans son cœur, il prononça leurs mots, à leur rythme. Il participa aux séances mystiques et dansa avec les soufis. En étudiant à la faculté islamique, il se lia d'amitié avec de nombreux musulmans. Alors il découvrit qu'ils étaient passionnés de la même vérité.

Il est remarquable que chaque tradition religieuse se laisse ainsi rencontrer par les autres, en profondeur. Pour Paolo, la mystique soufie fut un précieux viatique en direction de l'islam. Car comme l'explique le grand orientaliste Yoaquim Moubarak, proche de Louis Massignon, « les soufis cherchent à nourrir leur vie intérieure par l'ascèse et la méditation du Coran (thèmes de l'abandon à Dieu, complaisance et amour réciproque, thème du mystère de Dieu). De ces cercles d'ascètes (zouhhâd) revêtus de laine (soûf) sortit un mouvement qui, par le renoncement, cherchait l'union à Dieu, parlait d'expériences personnelles et d'extases[1] ».

---

1. Yoaquim Moubarak, *L'Islam et le dialogue islamo-chrétien*, Librairie orientale de Beyrouth, 1986.

L'islam m'accueillait en son sein généreux. Je sentais le charme de ces âmes séparées de l'Eglise. Je désirais partager avec elles le mystère chrétien, les aimer « sans esprit militant » et vivre l'Evangile auprès d'elles.

Au même moment, je m'enracinais dans l'Eglise catholique, me préparant à la prêtrise. Mais je souhaitais que ce service soit acculturé, qu'il prenne appui sur la tradition de cette région : je voulus m'adosser à une Eglise d'Orient plutôt qu'à l'Eglise latine. Faire partie d'une Eglise locale, apostolique, ayant survécu à la prophétie coranique, cohabitant avec elle et gardant l'empreinte de la Terre sainte, la terre d'origine des monothéismes, m'attirait.

Parmi les rites chaldéen, arménien, maronite, byzantin et syriaque qui se trouvaient à Damas, il me fallut choisir. Pendant des mois, je cherchai le rite qui porterait le mieux mon sacerdoce. La beauté du byzantin me fit pleurer toutes les larmes de mon corps... Il était trop magnifique pour moi !

Chez les syriaques, je fus frappé de voir que les prêtres prêchaient avec le même rythme, qu'ils créaient des images de la même manière que les cheikhs musulmans. La racine commune des deux traditions s'avérait en moi. Contrairement aux autres, la liturgie syriaque n'avait pas transité par la langue grecque : son génie propre était resté intact au fil des âges. J'allais devenir un syriaque catholique.

A l'époque, j'ignorais que la communauté chrétienne de Nebek, voisine de Mar Moussa, était rattachée au rite syriaque. Il est aujourd'hui celui de Mar Moussa.

Apostolique, sémitique, populaire, l'Eglise syriaque est une pauvre Eglise qui n'a jamais été impériale. Elle est une

Eglise de chrétiens au bord du désert, une Eglise primitive. La tradition veut que certains passages de sa liturgie continuent à être prononcés en langue syriaque, le dialecte sémitique le plus proche de l'araméen que Jésus lui-même utilisait. Lorsque, en écoutant les chants syriaques, je ferme les yeux, je sens ses sonorités rebondir contre les parois de l'histoire chrétienne jusqu'à sa source. Car cette langue est consonantique, désertique, vertigineuse. La langue syriaque, sœur de l'arabe, se tient proche du génie de celui-ci. Elle crée certainement un espace de contiguïté et de proximité culturelle avec le lieu-source des civilisations : la Mésopotamie.

Comme toutes les histoires longues, l'histoire de l'Eglise syriaque est accidentée : dans les premiers siècles, elle s'est développée à l'est et à l'ouest de l'Euphrate. En 431, elle se divisa en deux : d'un côté, l'assyro-chaldéenne adoptait la doctrine de Nestorius pour s'étendre jusqu'en Chine, et de l'autre, la jacobite demeurait unie à Rome et à Byzance.

Vingt ans plus tard, au Concile de Chalcédoine, l'Eglise catholique et l'Eglise syriaque — qui sera bientôt appelée jacobite — se divisent. Et ce, du fait de l'irruption de la doctrine monophysite qui professe que l'humanité du Christ s'évapore dans son unique nature divine. Ce n'est qu'au XVIIe siècle qu'une partie de l'Eglise syriaque retrouve l'union avec Rome. C'est cette Eglise proscrite, rachetée, rurale, qui conquit Paolo.

L'emploi de la langue arabe est certainement accepté dans l'Eglise syriaque catholique pour des raisons d'opportunité pastorale, mais peut-être ne l'est-il jamais avec autant d'enthousiasme qu'à Mar Moussa. Dans les offices qui rythment la vie du monastère, l'usage de la langue arabe est généreux : il est utilisé pour les sacrements et la messe tandis que la langue syriaque l'est pour certains chants et hymnes du matin. Et puis les orants du monastère, en prononçant « Allah » de la même façon que les musulmans, veulent édifier une fraternité autant de parole ou de geste que d'esprit.

DEUXIÈME PARTIE

Blonde citadelle

« Sachez que m'est incompréhensible ou indifférente toute piété qui n'invente pas, qui répète, qui s'accommode de ce qui est, à grand renfort d'espérance et de résignation. La relation à Dieu suppose, comme je la comprends, une productivité, et même une sorte de génie inventif que je dirais au moins à usage privé, même s'il ne convainc pas autrui ; un génie que je puisse imaginer poussé au point qu'on en arrive à ne plus comprendre le sens du mot Dieu, même en se le faisant répéter dix fois, rien que pour le redécouvrir neuf, quelque part à son origine, à sa source. »

Lettre de Rainer Maria Rilke
à Marlise Gerding, mai 1911.

Entre Damas et Homs, sur l'axe parallèle à la côte qui traverse le pays vers Alep, une route tourne vers la droite. Elle conduit jusqu'à une ville dépourvue de charme, fragmentée en quartiers, habitée par quarante mille Syriens : Nebek. Dernier espace de vie sociale avant le désert jaune et montagneux, cette cité exhale un désordre effrayant. Aucun plan d'urbanisme n'a présidé à sa construction : on peut y trouver, au bout d'un terrain vague, une route en bitume conduisant à une maison au luxe inexpliqué, devant laquelle de grosses voitures aux vitres fumées attendent quelque marchand du Golfe ou trafiquant en tout genre, qui ne vient pas. La plupart des rues tordues de Nebek sont jalonnées de murs en béton gris, entourant des maisons à deux niveaux, souvent fissurées, branlantes, toujours à reconstruire.

A une quinzaine de kilomètres de ce lieu peu plaisant, on découvre les fresques de Mar Moussa, droites, colorées, narratives. Sur les dix parois d'une même église, elles concentrent le récit des origines. Bleues, roses, blanches, orange, à l'évidence ces fresques sont d'une abondance indécente au milieu d'un désert. En courant sur chaque mur et sous tous les arcs de l'église, elles semblent pressées : pressées d'arriver quelque part, de se montrer, de raconter leur histoire.

Face à l'autel, le mur principal est traversé par un axe vertical séparant le paradis et l'enfer ; à gauche, des colonnes horizontales de prophètes, d'évangélistes, de moines, de saints, posées sur des étagères invisibles, s'avancent vers l'axe central ; à droite leur répondent des figures maudites : dans la géhenne, avec des rictus terribles, d'autres clercs, « pharisiens », hommes et femmes, statiques et grinçants.

*Çà et là en Syrie, on peut trouver quelques figures peintes, avec une similitude confondante mais jamais avec une telle générosité. Dessinées par des artisans de la région à partir du XI*ᵉ *siècle, elles ont accompagné les moines et les moniales de Mar Moussa dans leurs prières. A l'époque où ses murs furent si bellement ornés, le monastère était un haut lieu de vie religieuse. Il le demeura au XIII*ᵉ *et peut-être au XV*ᵉ *siècle. En ces temps-là, des familles entières, frères, sœurs, cousins, venaient former des congrégations. Il existait ce qu'on appelle des « monastères doubles » : comme dans la société de l'époque, femmes et hommes avaient des activités séparées mais les moments de prière et de liturgie étaient communs.*

Le nom Mar Moussa vient de plus loin encore. Mar Moussa el-Habashi *se traduit par « saint Moïse l'Ethiopien ». Or deux hommes ont été à la fois saints, « Moïse » et éthiopiens. Le premier n'est jamais venu dans cette région de Syrie. Bandit de grands chemins, il attaquait les monastères, les palais, les fermes d'Egypte. Un jour qu'il dévalisait des moines, il les vit déposer dans sa carriole quelques denrées ainsi que leurs plus beaux objets. Alors Moïse-le-brigand comprit que les moines détenaient un trésor plus grand... et il resta avec eux.*

Le Moïse qui a donné son nom au monastère a lui aussi

une belle histoire : fils d'un roi d'Ethiopie, il était promis à une charge qui lui interdisait de devenir moine. Or tel était son désir. La légende raconte que, aidé par la piété de sa femme, il s'enfuit par l'Egypte jusqu'en Terre sainte et en Syrie. Sur la route, il n'en finissait pas d'accomplir des miracles, presque malgré lui. Sans cesse contraint de s'enfuir vers des contrées nouvelles, il échoua ici, dans une des grottes de ce désert. Si ce saint Moïse a été contemporain du Prophète Mahomet, ce n'est, là encore, pas un hasard.

Le dernier moine quitta le monastère avant 1831, livrant la bâtisse à l'oubli. Pendant un siècle et demi, Mar Moussa fut régulièrement visité par des bergers, des chasseurs et des habitants de Nebek venus baptiser leurs enfants : le lieu appartenait à tout le monde et chacun le laissait mourir ! Les vingt dernières années furent dramatiques pour le bâtiment. Répudiée, la citadelle devint capricieuse : laissant tomber son toit, fracassant son iconostase et endommageant ses fresques, elle attendait que quelqu'un vienne s'occuper d'elle.

Priorités

*Nous retrouvons ces jours d'août 1982 où Paolo décou-
vrit la ruine de Mar Moussa, perdue dans la montagne. Il
était depuis sept ans chez les jésuites et avait appris l'arabe.
Je l'imagine errant dans la citadelle, silencieux comme une
fourmi dans un dédale d'épines de pin. Je le vois fureter,
soulever des pierres pour déchiffrer les traces du passé.*

Un des premiers matins, seul dans les ruines de Mar
Moussa, je surpris au fond d'un puits le reflet de mon
visage sur l'eau. Le soleil était derrière moi. Je découvris
une beauté que je ne connaissais pas. Le Seigneur me
révélait sa beauté, elle éclatait sur mon visage. C'était la
beauté de moi et de lui ensemble. C'était moins Nar-
cisse que la reconnaissance, au fond du puits, d'une
beauté qui ne m'appartenait pas : la beauté de l'Autre
au fond de moi-même. Elle était au-dedans mais déjà
tendue, transcendante.

A partir de ce moment, sans penser à Mar Moussa
comme à un projet personnel, je me dis que l'endroit
méritait d'être redressé et restauré : je me préparai à
entreprendre des démarches à Rome pour intéresser les
bénédictins, les trappistes. J'imaginai des solutions pour

le pauvre monastère dont je sentais la valeur historique. Je voulais combattre mon attirance pour ce site jusqu'à en être affranchi, car j'étais jésuite et j'allais être envoyé à l'endroit où l'Eglise aurait besoin d'un type comme moi...

Je faisais mes méditations dans le lieu le plus noir (transformé depuis en toilettes pour hommes), pour ne rien voir. Assis sur une pierre, je m'imaginais (et j'acceptais) qu'il soit détruit, que toutes les pierres du monastère soient dispersées, que toutes ses fresques soient effacées. Je m'efforçais d'accepter que l'Eglise d'Orient soit démolie, que l'Eglise disparaisse, que rien d'autre ne vaille que la relation gratuite avec Dieu. Et ce, sans aucun intérêt précis, ni l'intérêt de l'Eglise ni celui des chrétiens, pas même celui du dialogue islamo-chrétien que je souhaitais poursuivre. J'allais me laver chaque jour avec l'eau sale, pleine de vers. Avec la même eau, je faisais de la nourriture du thé, de la soupe... J'utilisais les épines pour faire du feu. J'avais retrouvé les méthodes anciennes, celles utilisées par les ermites vivant dans ces environnements.

Un matin, le monastère me fut restitué. Je commençai à le regarder autrement, comme un espace concret de mission, éprouvant le rôle qu'il pourrait jouer dans l'Eglise, au milieu des musulmans. Le temps n'avait pas ruiné son potentiel apostolique. L'une des dernières nuits de ce premier séjour, des chasseurs musulmans vinrent. Je les accueillis au monastère. Ils eurent le sentiment que le lieu était habité, qu'il y avait une vie. Nous passâmes la soirée à parler religion, lisant le Coran et bavardant de Dieu ensemble : ce fut délicieux. Le lendemain, avant de repartir, ils me laissèrent tout ce qu'ils avaient à manger. Ils firent l'aumône au moine.

Le 27 août, la veille de la fête de saint Moïse l'Ethiopien, les chrétiens de la ville remplirent quelques pick-up. C'est une tradition. Chaque année, ils venaient jusqu'à la citadelle pour festoyer et célébrer, en quelque sorte, le désastre du monastère. Mais cette année-là, ils trouvèrent la place rangée et nette. Nous priâmes ensemble dans l'église. Ils se firent prendre par la spiritualité du lieu.

Paolo avait vingt-sept ans lorsque, à Mar Moussa, il vit apparaître les trois priorités de son existence. Elles venaient confirmer, actualiser, réaliser les cinq piliers sur lesquels, au cours de son noviciat jésuite, il s'était résolu à bâtir son itinéraire.

La première priorité était l'absolu de la vie spirituelle. Je pouvais accepter de perdre le monastère pour cela. Un monastère en lui-même doit signifier l'absolu de la vie spirituelle. Il le fait d'autant plus efficacement qu'il se trouve au désert parce que le désert, c'est le vide.

Depuis la Bible, Moïse au désert, Elie au désert, saint Jean-Baptiste au désert, Jésus au désert : c'est vraiment le désert qui permet l'espace de la communication divine. Parce qu'il est vide. Parce qu'au désert, on dépasse la présence spirituelle équivoque qui se trouve dans la nature verte (dans la nature abondante, les esprits sont partout, on risque de se perdre dans l'agriculture, d'y voir une multitude de signes). Le désert c'est moi et Toi, Dieu. L'homme est le sommet de l'espace. Il n'y a pas d'arbres. L'homme est la tête la plus haute, il l'a déjà dans le ciel. Il parle avec les étoiles. Là se forme, immédiatement, un espace sacré de relation.

La deuxième priorité était le travail manuel. A mon

arrivée au monastère, j'avais retrouvé les petits gestes des ermites anciens avec l'eau et la nourriture. Retrouver la valeur des mains, de la relation à la nature, au corps, à nos besoins. Mettre le corps, la matière, le travail manuel au cœur de la vie spirituelle.

Troisième priorité, l'accueil. Elle me fut signifiée par l'arrivée des chasseurs musulmans et notre partage. L'hospitalité leur avait permis de se sentir tout de suite accueillis dans un cercle sacré.

Durant un de ces jours, à l'aube, comme j'étais assis sur la pierre, devant l'église détruite de Mar Moussa, une présence furtive se fit sentir derrière moi. Quelqu'un m'avait espionné. Plus tard, on me raconta qu'un berger musulman était entré dans le monastère, qu'il avait trouvé un homme barbu, assis dans le soleil, et qu'il s'en était retourné au village pour déclarer aux chrétiens : « Celui que vous visitez une fois par an, il est rentré, il est là ! » Il avait cru que j'étais la réincarnation de saint Moïse l'Ethiopien !

Abdâl

A cette époque, la Syrie était une plaque tournante entre les hémisphères Nord et Sud, le monde communiste de l'Est et l'Occident capitaliste, l'Asie et la Méditerranée ; la Syrie se tenait entre islam et chrétienté orientale, entre plusieurs islams, entre la côte verte et le désert. Lieu de pensée, de prière, Damas était le nœud de la réalité globale.

Je découvris que Damas était, pour le monde musulman, le site sacré du soufisme : ville des fleurs, paradis terrestre et lieu béni. De grandes figures spirituelles y avaient déposé l'empreinte de leur passage : l'émir Abd el-Kader avait choisi d'y terminer ses jours à proximité du tombeau de son maître spirituel, Ibn Arabî, grand soufi né en Andalousie au XIIe siècle.

Si Damas semblait attirer les âmes d'envergure, cette ville représentait à mes yeux l'espace de l'union primordiale avec Dieu, l'alliance qu'on pourrait qualifier de naturelle entre le Créateur et sa créature, *el-Fitra*, souche que toute personne mystique souhaite retrouver car elle porte la marque de l'instant où elle est sortie de la main de Dieu, où la personne humaine se trouve le plus intimement liée à l'intention divine de la créer.

Damas est dans le cœur de Dieu, on le perçoit à ses rues, à ses exhalaisons fleuries, à ses élégances. Lorsqu'on s'y promène, on a le sentiment diffus qu'une apparition se prépare, que la prophétie selon laquelle « le Christ apparaîtra à la fin des temps et posera le pied sur la mosquée des Omeyyades qui contient le tombeau de saint Jean-Baptiste[1] *» est sur le point de s'accomplir.*

Une des curiosités de Damas est d'être, selon la tradition, le lieu où se rassemblent la majorité des abdâl *du monde. Les* abdâl, *ce sont des saints musulmans inconnus, qui vivent leur spiritualité au quotidien. Ce sont des gens qui restent cachés, ce sont des sacrifiés, des gens de prière qui croient que l'amour silencieux est guérisseur.*

Les *abdâl* sont de bons musulmans ; pour moi, ils peuvent être aussi de bons chrétiens ; ils font partie de la même école mystique, l'école de l'amour désintéressé. Pour devenir un *abdâl*, il faut travailler dans son âme sans relâche. On ne se déclare pas *abdâl*. Les *abdâl* sont choisis par Dieu pour réparer les blessures du monde par le don d'eux-mêmes, par la patience, l'humilité, le silence, par la petitesse assumée avec amour...

Une fois, j'eus la certitude d'en rencontrer un. Je me trouvais à Homs, le chef-lieu dont dépend Mar Moussa, pour faire des papiers administratifs. J'étais énervé car je venais d'apprendre qu'il me faudrait passer un examen pour pouvoir obtenir la résidence en Syrie. Je terminais cette matinée gâchée dans un immense couloir de sous-préfecture au milieu duquel il y avait une sorte de cage en fer, faite pour déposer ses enveloppes

---

1. Yoaquim Moubarak, *L'Islam et le dialogue islamo-chrétien, op. cit.*

d'impôts. Dans cette cage en fer se tenait un monsieur blanc, lumineux, souriant, qui mettait tout le monde à l'aise. Nous étions tous pressés, dégoulinants de sueur, voulant sortir au plus vite de cet endroit d'enfer. Et il y avait cet ange en cage qui parlait « amour » et qui disait : « Allez-y, donnez-moi cela, mais oui, bien entendu, je m'en occupe... » Il nous soignait tous, et chacun avait honte d'être si pressé. J'eus envie de lui baiser la main. Je me dis : « Voilà un ange dans une cage qui s'occupe des impôts ». Cet homme rayonnait la sainteté. Comme un *abdâl,* il portait le poids du monde sur lui et, comme une éponge, absorbait sa misère, sa blessure et sa fatigue pour la restituer en lumière.

Les *abdâl* en islam, ce sont les âmes cachées, souffrantes, qui sont unies à Dieu et qui, par leur attitude d'intercession, comme Abraham, lèvent (sauvent) le monde. Moi, je force mon âme à prier, à aimer et à se consacrer, sans juger Dieu.

Quelle drôle d'idée de juger Dieu !

C'est-à-dire que nous ne demandons pas à Dieu : « Pourquoi y a-t-il la souffrance ? » Nous comprenons cette question de l'intérieur. Nous sommes déjà solidaires de Dieu. Les âmes d'*abdâl* viennent au secours de Dieu, elles constituent son réconfort.

Abdâl est le pluriel de *badal.* De ce mot, Louis Massignon a tiré la Badalyia, le monastère invisible, cette communauté de gens offerts, de gens substitués, pour l'islam et pour le monde.

Je pense qu'il y a des parties de l'Eglise qui sont appelées à une mystérieuse intercession. Ces personnes, qui devraient être les plus humbles, parviennent à convaincre la miséricorde divine de ne pas s'arrêter aux portes de l'enfer... mais de l'occuper tout entier.

Pour Massignon, El-Hallaj est un de ces « saints substitués » (apotropéens, abdâl), « une de ces âmes royales, compatientes et réparatrices, illustres ou cachées : qui réalisent le dessein divin[1]*... ».*

---

1. Cité par Vincent Mansour Monteil dans *Le Linceul de feu*, p. 267.

Combinazione

La citadelle de Mar Moussa parle, je l'ai vue de mes yeux. A l'aube, dans le silence le plus profond du monde, j'assistai un jour à son dialogue avec le ciel. Les couleurs, les nuages conversaient sur la pierre, la caressaient. Elle leur répondait. Les années, les siècles d'intimité physique avaient rendu leurs gestes simples, évidents, beaux. La beauté ne s'acquiert pas à force de lutte : elle fond et éclate sur le disponible.

La beauté unique de ce monastère chrétien en terre d'islam exprimait ma joie à moi, Paolo, d'être proche des musulmans.

Plus j'étudiais Muhammad et le Coran, plus je sentais mon ignorance et celle de mon Eglise sur le sujet. En moi, le besoin de dialogue se faisait pressant, comme un mari fatigué attend, espère, provoque l'événement qui va réveiller son couple.

J'étais disposé à consacrer ma vie à la rencontre islamo-chrétienne. Je souhaitais faire de l'islam mon compagnon, mon frère, mon allié. Mais en attendant d'y parvenir, je devais d'abord éviter que le monastère ne continue à se détruire...

A peine terminée mon année d'études à Rome, je repartis pour Mar Moussa. A mon arrivée, je trouvai la porte d'entrée cassée et jetée dans le ravin. La grande fresque de l'Annonciation que j'avais vue entière autour de la fenêtre orientale de l'Eglise était écroulée ! Les rayons du grand soleil rouge rejoignant la Vierge et l'ange Gabriel étaient éparpillés sur le sol : le mur qui les portait avait été vandalisé pendant l'hiver. Aussitôt je cachai les morceaux qui traînaient par terre.

Un paramètre nouveau, l'urgence, venait d'entrer dans l'« affaire Mar Moussa ».

A Nebek, la ville la plus proche, je trouvai un vieil homme chrétien qui faisait office de chef de quartier. Bien que je ne sois pas encore prêtre, il m'expliqua : « Nous avons tout essayé pour sauver Mar Moussa. C'est impossible. Si vous croyez pouvoir y changer quelque chose, si vous acceptez la pleine responsabilité de cette ruine, dans ce cas je vous en donne la clef dès maintenant. Mais si vous comptez fuir dès le premier obstacle, alors je vous supplie de nous abandonner à notre pessimisme. »

L'homme était aimé et respecté des musulmans de la ville. Dans son regard, je sentais qu'il m'estimait. Le fait que je sois jeune, pas encore prêtre, étranger, que la peau de mes pieds se soit décollée parce que j'avais marché dix-sept kilomètres jusqu'au village en savates..., aucune de ces folies ne l'avait dissuadé de me remettre les clefs symboliques du monastère. Il avait considéré mon potentiel, l'endroit d'où je puisais ma force : cet homme avait cru en moi.

Le vieux sage de Nebek ressemble à la description faite par Michel de Certeau du Siméon de l'Evangile : « Ce "vieillard" (...) vient de très loin, d'une attente bien plus ancienne que lui. Il sort de la nuit d'un espoir millénaire quand il découvre l'enfant, mais cette arrivée est un commencement, le terme heureux d'un cheminement qui trouve son accomplissement avec un nouveau départ[1]. »

Il fallait agir vite... On ne pouvait plus attendre la réponse des amis, des jésuites, de l'Eglise et des autres !

Je fis venir un professeur d'art de Damas pour qu'il expertise le lieu, qu'il fasse écho de sa valeur auprès des ministères et des autorités du pays. Mais Damas ne répondit pas... Je présentai aux jésuites de belles diapositives du site, affichant mon désir d'organiser des camps de travail et de prière, mais ces propositions furent accueillies avec tiédeur... Je ne pouvais y croire, c'était de la pure folie : personne ne voulait, en Syrie ou ailleurs, porter le poids du monastère avec moi !

Tous ceux qui commençaient à s'intéresser à Mar Moussa projetaient sur le lieu d'autres problématiques : ils voulaient en faire un pôle touristique, une ruine lucrative, un lieu du passé. Moi, j'étais convaincu que, si près des musulmans, ce lieu chrétien avait encore quelque chose à dire.

A la fin de l'été 1983, Paolo regagna Rome pour continuer sa théologie. Une des semaines suivantes, dans la grande église baroque des jésuites, près de la piazza Venezia, entre la tombe de saint Ignace de Loyola et le bras de saint François-Xavier, il devint diacre, étape précédant la prêtrise. Ainsi, il intégrait l'Eglise de l'Orient, du désert, l'Eglise de la simplicité en terre d'islam.

---

1. *La Faiblesse de croire, Une figure énigmatique*, Points Seuil, p. 27-28.

Aussi impressionnante qu'un mariage, la cérémonie était présidée par le patriarche syriaque catholique devant mes professeurs, ma famille, mes amis. Je n'aurais pu espérer plus magnifique, plus glorieux que cet amour qui se manifestait en public. Et puis, mystiquement, mon mariage se consommait : pendant la cérémonie, je fus pris par un sentiment définitif, brûlant... céleste !

Le lendemain, avec le patriarche, j'écrivis une lettre au ministre des Affaires étrangères italien, Giulio Andreotti, ami de mon père, pour sauver le monastère de Mar Moussa. Il nous répondit qu'il allait envoyer une équipe sur place afin de saisir la valeur du lieu.

Une lettre du même type fut envoyée à la Congrégation orientale du Vatican afin de solliciter une aide d'urgence : elle reçut également une réponse positive. Paolo est italien. Son art de la combinazione *a certainement « sauvé » Mar Moussa : il en use pour obtenir le financement de travaux au monastère. C'est avec ces outils-là, parfois, que Dieu est obligé de travailler...*

Agonie

Si j'avais été un homme, si j'avais parlé couramment l'arabe, si j'avais eu l'énergie de Paolo, j'aurais fait de Mar Moussa la plus belle propriété du monde, avec le désert pour décor ! Et puis j'aurais construit le plus chic hôtel du pays pour faire fortune avec les fresques ! Et puis, un jour, je serais tombée sur la pierre la plus basse du ravin, dans le silence imperturbable... et là, Paolo serait arrivé à Mar Moussa.

A peine achevés ses examens, Paolo regagna l'Orient avec la joie d'un exilé : il allait faire des exercices spirituels à Mar Moussa. Lorsqu'il arriva, il trouva le début d'un chantier : dans l'église, quelques ouvriers réparaient le toit grâce à l'argent envoyé par le Vatican et la direction des antiquités de Damas... C'était un accord entre la paroisse (Vatican) et l'Etat. Le corps malade de Mar Moussa était en soins intensifs.

Pour faire mes exercices, je voulus m'éloigner du bruit causé par les travaux de la citadelle. L'un des ouvriers, Amin, m'indiqua une grotte particulièrement difficile d'accès mais idéale pour ma retraite. L'endroit s'appelait El Hayek, qui se traduit par « Tisserand » car un moine y confectionna des étoffes en poils de chèvre.

Pour atteindre la grotte, il fallait traverser la montagne et escalader une façade abrupte de cinq mètres au-dessus d'un précipice qui en faisait cent cinquante. Arrivé là, je réfléchis un instant à une bonne tactique pour faire l'ascension du rocher sans risque. Croyant avoir trouvé celle des centaines d'ermites qui m'avaient précédé, j'accrochai une corde à un clou et commençai mon escalade. J'étais suspendu au-dessus du vide lorsque le clou lâcha.

Nous sommes, Paolo et moi, dans un bivouac désertique, au fond d'une des cavités luisantes creusées par un cours d'eau disparu. La pierre résonne, ses paroles viennent et repartent, comme l'écho d'une dégringolade dans le ravin.

Je tombai brutalement à la renverse. Là, plusieurs choses se produisirent : d'abord je m'écriai : « *Ya Allah !* » Aussitôt, je me fis la réflexion : « Tiens, je suis en train de mourir et pourtant je crie *Ya Allah* en arabe ! L'inculturation est donc parfaite... »

La chute se termina sur mon pied, qui se brisa. Le choc fut tel que, retombant en arrière, je continuai ma dégringolade. D'un instant à l'autre je devenais une boule de plus en plus compacte percutant chaque rocher. Subitement, je me rappelai le conseil d'un chasseur alpin : pour arrêter une chute libre sur un glacier, il faut ouvrir d'un coup sec les bras et les jambes. Ainsi, en dépit de la terrible douleur, on s'offre une chance de salut. J'exécutai : ma chute s'arrêta à quelques mètres du ravin qui allait me tuer.

Immobilisé au bord du vide, je me demandai par quelle partie la mort allait entrer dans mon corps. Je m'examinai : j'avais du sang partout, mon pantalon n'existait plus et la douleur de mon pied était insoutenable. Je commençai à ramper avec mes mains pour atteindre mon keffieh, accroché à un rocher si pointu qu'il aurait transpercé sans difficulté un éléphant. Avec ce tissu déchiré, je ligotai mon pied. Enfin, en me hissant avec lenteur et souffrance, j'atteignis la grotte, et là, dans un dernier mouvement, je cassai ma montre, ainsi le temps s'arrêta. Entre-temps, Amin et les ouvriers avaient quitté le chantier du monastère. Je me dis : « On verra. »

Paolo resta dans cet état au fond de la grotte. Les vivres qu'il avait emportés n'avaient pas trop souffert de sa chute. Il put donc tenir ainsi six jours durant. Ces exercices furent très importants. Il travailla en se demandant quel était le sens de la douleur physique. Son corps fournissait un lourd effort de réparation dans lequel il sentait Dieu présent. Avec quelques médicaments, il parvint à limiter la douleur et à se soigner tant bien que mal.

Une nuit, la souffrance m'investit de toute sa puissance et, pour la première fois, j'eus l'impression que ce monastère allait être ma tragédie. Cette nuit-là fut terrible. Je criai la douleur du monde, de manière presque féminine, tandis que jusqu'alors j'avais beaucoup combattu l'aspect féminin de ma personnalité, avec, de temps à autre, une angoisse d'homosexualité. Là, j'étais devenu une femme pleurant l'agonie du monde. Je braillais. C'était un cri qui n'était pas de moi, il était beaucoup plus profond, large, élevé et vaste que celui d'un seul homme qui souffre. Ensuite les choses commencèrent à prendre du sens : après l'agonie, j'allais guérir.

L'ambassadeur italien et l'évêque de Damas descendirent au monastère. J'arrivai juste à temps pour leur faire la visite, en boitant gravement. Découvrant les ruines, les fresques, la trace des siècles, ils furent convaincus de la valeur du lieu. Ils m'annoncèrent qu'ils allaient envoyer quelques experts de l'Institut de restauration du ministère de la Culture italien. Et ils tinrent promesse. La venue des experts ne tarda pas ; elle fut décisive : dans leur rapport, ceux-ci déclaraient que la bâtisse et ses ornements étaient historiquement valables, magnifiques même.

De mon côté, je menai le premier camp de travail au début du mois d'août avec de jeunes Italiens et Syriens, toujours sans me faire soigner. Je portais des chaussures bien fermées pour consolider mon pied. L'os se réparait de lui-même. Une nuit, tandis que je descendais au monastère, je sentis que mon pied était guéri.

Dans ces semaines de travail manuel, nous nous accordâmes au rythme de la nature : prières du matin et du soir, distribution du temps manuel et méditatif le jour. A la fin du camp, le quotidien était devenu si doux et harmonieux que nous aurions pu sans difficulté envisager de le prolonger ainsi. Sans le savoir, nous vivions les prémices d'une communauté monastique... J'avais le sentiment d'être jeune et de me trouver au seuil d'une œuvre qui réclamait toute une vie. Le désert, avec son étendue, me laissait envisager une grande mission, qui porterait loin. Dieu emploie la nature pour signifier ces choses.

J'allais devenir prêtre. Toute ma famille débarqua pour mon ordination à Damas. Deux jours avant, j'emmenai mes parents, mes frères et sœurs au monastère pour célébrer la fête de saint Moïse, le 27 août. Maman avait quelques difficultés à marcher. Je la pris par la main pour descendre la montagne. Lorsque nous arrivâmes au monastère, les habitants de Nebek étaient déjà sur place. Ils reçurent maman avec un tel enthousiasme qu'elle éclata en sanglots.

Paolo se souvient de l'endroit où ils déjeunèrent ensemble, de la pierre sur laquelle sa mère s'assit, au bord de l'abside. Elle ne parla pas beaucoup, semble-t-il. Elle comprit, c'est tout. Elle comprit que Mar Moussa était l'endroit de sa vie.

Tandis qu'il me raconte ce moment, le regard de Paolo cherche, dans la transparence des murs de Mar Moussa reconstruit, le lieu où, ce jour-là, ils se sont retrouvés.

Les parois de Mar Moussa sont comme les pourtours d'un corps animé. Roses au coucher du soleil, blond cendré le matin, blond platine dans la journée, elles définissent la pellicule protectrice et immuable d'une terre nourricière. Je remarque que plus mes séjours se prolongent, moins je pars me promener dans la montagne. Lorsque cette mobilité ne me manque plus, je comprends que j'ai atteint le stade ultime d'une régression « marmoussique », unique en son genre, qui relève encore du sortilège du lieu.

Eté 1985 : trois ans après sa découverte, le monastère était en ébullition. La combinazione *avait porté ses fruits : des fonds avaient été trouvés pour financer une série de réhabilitations et la réfection de certains bâtiments. En outre, un foisonnement de volontaires, scouts, jeunes Italiens, Syriens, séminaristes syriaques, venaient apporter leur aide... Paolo se surprenait tranquillement à rêver d'une communauté monastique à Mar Moussa.*

Mais en dépit de ces avancées satisfaisantes, il commença à percevoir les difficultés qui l'attendaient. L'immense perspective qu'il voyait s'ouvrir à Mar Moussa était comme obstruée : à mesure que le désir de vivre en ce lieu se confirmait, son itinéraire au sein de la Compagnie de Jésus se compliquait. Quand à la fin de l'été Paolo dut rentrer à Rome pour rédiger un mémoire, il ressentit un arrachement quasi charnel au monastère.

Après un an d'éloignement, je rendis mon mémoire sur la fonction du Prophète en islam. Mes supérieurs jésuites décidèrent alors de m'envoyer à Alep pour devenir prêtre de paroisse. M'installer dans une ville située à quatre heures de Mar Moussa me réjouit.

Entre 1986 et 1987, à Alep, j'animai des activités de toutes sortes : exercices spirituels, scoutisme, foi et lumière, JEC, JOC et JUC[1]. De temps à autre, je conduisais les jeunes d'Alep à Mar Moussa, passant même parfois de délicieuses journées de solitude au monastère. Jusqu'au jour où le provincial, le supérieur jésuite en charge de ma région, me fit remarquer que je n'avais aucune liberté spirituelle par rapport à ce lieu. Il avait raison : j'étais attaché à Mar Moussa. A sa demande, je cessai d'y aller. Aussitôt mon ardeur apostolique déclina : je déprimais.

Les sœurs carmélites d'Alep qui connaissaient la situation, en priant pour moi, m'aidèrent à accepter cette douloureuse privation. Arriva un jour que je n'oublierai jamais. J'avais sollicité un entretien auprès d'un des hommes les plus extraordinaires du pays : Néophitos Edelby, grand évêque melkite d'Alep. Il avait fait un immense travail sur la littérature arabe chrétienne et avait surtout personnellement connu Louis Massignon. Il me reçut chez lui. Je lui demandai : « Comment se fait-il qu'on m'interdise de faire ce service ? Comment

---

1. Jeunes étudiants chrétiens (JEC), Jeunes ouvriers chrétiens (JOC) et Jeunes universitaires chrétiens (JUC).

pourrait-il être incorrect de ma part de vouloir bâtir une communauté monastique, travaillant au dialogue islamo-chrétien, à Mar Moussa ? » Alors, doucement, le grand homme se mit à pleurer. Très calme, très impressionnant. Il s'émerveilla lui-même de ces larmes puis déclara : « Cela m'arrive rarement... je dis rarement quelque chose à quelqu'un au nom de l'Esprit Saint, mais là, je dois te dire : ne te décourage pas ! Va de l'avant ! Au nom de l'Esprit Saint. » Ensuite, il me fit cadeau d'une des premières copies de *L'Hospitalité sacrée* de Jacques Keryell, qui venait de lui être envoyée. Je sortis de chez lui avec la même joie... cette fois purifiée par la souffrance... la même joie que le jour de mon appel. Le même sentiment de présence divine et d'encouragement.

Le soir même, dans sa chambre, Paolo ouvrit le livre qu'Edelby lui avait offert. A l'intérieur, il trouva la profondeur et la netteté sauvage de la pensée de Louis Massignon. Dans cette correspondance intime, rassemblée par un ancien petit frère de Charles de Foucauld, la relation de Louis Massignon à la belle Egyptienne Mary Khalil devenait miroir, scintillement, d'une rencontre avec le « Tout Autre », Dieu. Entre l'espace et le temps, un foyer unique embrasait ces deux êtres. Moi aussi, je découvris cette correspondance une nuit, dans ma chambre de Beyrouth, à mon second retour de Mar Moussa. Elle me permit de transiter, de revenir au monde.

Lorsque au petit matin je refermai le livre, j'assumais ma responsabilité et mon choix du monastère. J'acceptais par avance d'être renvoyé de la Compagnie de Jésus à cause de Mar Moussa. Dans le sillage de cette lecture, je vis que mes priorités s'ordonnaient et qu'elles allaient bientôt parachever les piliers de ma véritable vocation.

Pour deux mois, on autorisa Paolo à venir veiller sur le travail des restaurateurs. L'autorisation était temporaire, elle lui fut retirée dès la fin du chantier. Les supérieurs trouvaient que le père Paolo était devenu incompréhensible, étrange, excessif, polémique, maladif. Et, puisqu'un malheur n'arrive jamais seul, une partie de la communauté locale, les chrétiens de Nebek, commença à lui mettre des bâtons dans les roues pour des broutilles...

En septembre, le provincial me communiqua : « Paolo, tu pars à Rome faire ton doctorat, cela t'obligera à prendre du recul. » Contre toute attente, une mystérieuse sérénité se déposa sur mon cœur : une partie de moi, insoupçonnée, disait oui, obéissant sans ressentiment.

Tout de même, pour la première fois de ma vie, j'eus la nette conscience d'être malheureux. Avant de partir, j'écrivis une lettre au patriarche et à quelques jeunes, Jihad, Jacques, Joseph et Charles, qui voulaient déjà devenir moines à Mar Moussa. Je leur demandai : « Pensez-vous que je puisse fonder une communauté monastique si je désobéis aujourd'hui à mon supérieur jésuite ? Pensez-vous que nous pourrons vivre ensemble l'obéissance évangélique si je ne la pratique pas moi-même, au moment où elle me coûte le plus ? Permettez-moi de retarder notre projet de fondation à Mar Moussa, car ainsi elle sera bâtie sur le roc. »

Peu de fois dans une existence il est donné une conscience aussi nette de ce qui s'y produit.

Je descends chercher du thé et retrouve Paolo comme le Christ mort *de Mantegna : les pieds légèrement écartés face à la porte ouverte sur le désert. Il s'est endormi sur le dos comme un naufragé s'éteint d'épuisement sur le rivage... Son corps m'apparaît anormalement long. Pieds nus, légèrement écartés, le corps recouvert d'une robe de bure grise, c'est un monstre gris qui préfigure la stèle de sa tombe. Je le vois comme un gisant de nos cathédrales. Après une demi-heure, Paolo se réveille et poursuit son récit.*

Un soir à Rome, alors que je dînais avec un ami cheikh musulman soudanais, je vis s'installer entre nous une surprenante communion : je réalisai que, chrétiens et musulmans, nous partagions la même espérance ; l'islam et l'Église espéraient le même salut. J'avais trouvé mon sujet de thèse ! J'allais parler de l'islam comme d'une espérance, d'une vision, d'une attente, conjointe à l'attente chrétienne. Ma thèse s'intitulerait : « *Speranza nell'Islam* » (l'Espérance dans l'islam).

Ma première année de doctorat fut si douloureuse, si déprimante que mon supérieur m'obligea à faire un bilan de santé. Je me rendis aussitôt chez un psychiatre de l'Assistance publique afin de comprendre l'état dans lequel je me trouvais. Après m'avoir écouté, celui-ci me dit en riant : « Votre faiblesse physique est due à votre volontarisme sexuel ! Un garçon comme vous ne devrait pas s'abstenir ! Votre dépression est le prix de votre chasteté ! » Après l'énoncé du diagnostic, je le regardai, très sûr de moi, et lui répondis : « Vous rencontrez certainement des gens aussi fous que moi, et même plus, qui ont une vie sexuelle débridée... Sachez, docteur, que si ma dépression est le prix à payer pour rester fidèle à mon choix, à mon amour, alors je suis prêt à le payer ! »

En relisant ces lignes, je me demande ce que deviennent tous ces inconnus, hommes et femmes, que nous croisons pour une phrase ou deux, pour un moment ou l'autre, et qui nous reçoivent comme un projectile au milieu de leur vie. Comment survit-on à l'originalité désarçonnante des êtres ? Qu'est donc devenu le jeune homme riche de l'Evangile qui « s'en alla contristé, car il avait de grands biens » ? Comment tourna-t-il au coin de la rue, en chancelant, après avoir croisé le regard de Jésus Christ ?

Obéissance

Dans les grands bouleversements d'une existence, l'« intendance » ne suit pas toujours. Souvent l'importance d'une conversion ne se décide, ne s'évalue que bien après, à la faveur de petites victoires aiguillées par la fidélité. Ainsi en va-t-il également des histoires d'amour.

A Noël, amorphe et déprimé, je voulus accompagner mes parents à la messe de minuit. Au moment de la communion, Maman me devança. Soudain je me sentis, physiquement, comme un malade sur un brancard de prières, porté jusqu'à l'autel. Alors, pour la première fois depuis des mois, je reçus un fleuve de grâces dans mon cœur, un soulagement, une joie ! La communion entrait en moi, véritablement : j'étais en présence des anges, des saints et de tous ceux qui priaient en cette nuit de Noël ! Vraiment, je me tenais dans la crèche avec Marie et Joseph !

Le lendemain de Noël, j'étais invité à déjeuner par le père Kolvenbach, supérieur général de la Compagnie de Jésus qui me connaissait depuis Beyrouth. Cet homme a une belle capacité à s'unir aux autres : il se lève à trois heures du matin pour prier pour ses compagnons. Lui-même est un exilé qui a obéi : il connaît la souffrance. Par son attention, son ascèse, il répare la douleur de ses amis.

Ce jour-là, au déjeuner, il me dit : « Paolo, je crois qu'il faut que tu restes à Rome jusqu'à la fin de ton doctorat. » Il était réaliste, il savait que je n'en viendrais pas à bout si je quittais Rome. Son ordre tomba sur moi comme une main sur l'épaule. Je lui répondis : « D'accord, je reste. Puis-je seulement aller à Mar Moussa pendant l'été ? » Une réponse si prompte, si docile, le surprit. Il me proposa de prendre quelques jours de réflexion avant de me décider. Mais je les refusai : « Non, cette nuit de Noël, j'ai reçu la grâce de l'obéissance : j'ai la capacité aujourd'hui de répondre oui, demain et après-demain je n'en sais rien. Aujourd'hui, j'ai la grâce de dire oui, alors je dis oui. »

Paolo prononce cette réponse avec le même ton que son père, au fond du cachot, a dû dire : « Aujourd'hui, je suis en vie, je mange. »

Avec une obéissance cette fois bien assumée, je me plongeai dans la rédaction de ma thèse. A l'efficacité de mon travail, je compris que j'étais guéri. A Pâques, j'allai quelques jours au lieu de la fondation de l'ordre bénédictin, à Subiaco. Je retrouvai les montagnes que j'aimais, celles qui, dressées vers le ciel, permettent toutes les puissances, fécondent tous les rêves. Dans mes promenades, bâton à la main, je me sentais accompagné par le Ciel, poussé en avant par la luxuriance de la nature. Devant un spectacle si beau, mon doctorat se transforma en un nouveau défi, passionnant à relever...

Blonde citadelle

Désormais, il était certain qu'avec Mar Moussa d'un côté et son tempérament de l'autre, Paolo ne pourrait rien faire en respect d'une autorité extérieure, aux accents militaires ; il lui faudrait toujours être passionné !

Sourate 18

Les mois que Paolo passa à étudier furent épaulés par un homme : Louis Massignon. Orientaliste du début du XXe siècle, scientifique en Mésopotamie, Massignon est un converti, comme Charles de Foucauld, son ami. C'est au cours d'une mission d'archéologie dans le pays qu'on appelle aujourd'hui « Irak » qu'il est accusé (injustement) d'espionnage, menacé de mort et qu'il tente de se suicider. N'y étant pas parvenu, blessé, à l'agonie, il reçoit la vision de figures saintes, musulmanes et chrétiennes, qui prient pour lui : la foudre est tombée.

Dès lors, il s'engage dans une nouvelle vie, pour plaire à Dieu. Il se marie, rayonne, reçoit beaucoup, devient un éminent intellectuel : érudit, arabophone, directeur de la chaire d'islamologie au Collège de France, il transmet son approche unique du dialogue entre les religions.

L'intuition de Massignon emmène jusqu'aux lieux où le Christ s'enfouit dans l'islam pour continuer à y semer de l'amour... Dans le sillage de Charles de Foucauld, il comprend l'islam sans désirer l'abolir, sans l'objectif plus ou moins avoué de convertir les musulmans. Il décède en 1962, laissant derrière lui une pensée forte, belle, radicale, manifestant un désir persévérant d'accueillir toute altérité.

Dans le Bulletin de l'association que Bérengère, petite-fille de Louis Massignon, m'a offert, j'ai trouvé l'extrait suivant : « Hallaj le disait : comprendre quelque chose d'autre, ce n'est pas s'annexer la chose, c'est se transférer par un décentrement au centre même de l'autre[1]. » Tel va devenir le fondement de la spiritualité de Paolo.

Dans ma thèse, j'écrivis une méditation sur la Sourate 18 que les musulmans lisent le vendredi matin. Avec tous ses récits, elle ressemble à une femme parée de bijoux. Massignon dit qu'elle tient lieu d'Apocalypse au Coran.

Elle évoque la fin de la vie et la Résurrection finale à travers l'histoire des sept dormants d'Ephèse : ces sept jeunes chrétiens qui, pour échapper aux persécutions, s'endormirent dans une caverne avant d'être, trois siècles plus tard, miraculeusement réveillés.

La Sourate 18 évoque également Moïse qui recherche la source de la Vie et Khidr, son guide spirituel.

Ce récit traite enfin du mystère du mal et de la Providence divine. Il raconte comment Alexandre bâtit l'immense barrage pour empêcher les peuples mythiques (Gog et Magog) de déferler et de semer le chaos sur la civilisation humaine. Selon la lecture qu'en font les soufis, le rôle des *abdâl* apparaît essentiel : par leur prière, ils bouchent et colmatent constamment, jusqu'à la fin des temps, les brèches du barrage.

La Sourate 18, en substance, affirme que le salut est dès maintenant accessible aux justes. Aux musulmans, elle prophétise d'autres époques, d'autres événements, d'autres rencontres et d'autres ouvertures. Elle annonce que le

------

1. *Opera Minora, Louis Massignon*, tome II, p. 63 (Bulletin de l'Association des amis de Louis Massignon).

cours du temps nous emmène ensemble vers la contemplation du visage divin. Par là, elle me dit que, chrétiens et musulmans, nous devons trouver notre commune ascèse.

Souvent, j'entends les théologiens occidentaux dire que le travail qui a été fait sur la Bible est inégalé dans le monde, que l'exégèse biblique prouve la supériorité du christianisme sur l'hindouisme, le shintoïsme ou l'islam ! « Nous avons l'exégèse ! » : encore là cette supériorité méthodologique de l'Occident... ça ne m'intéresse pas.

Soyons fidèles à nos découvertes ! S'il y a quelque chose qui, dans cette exégèse, nous a intéressés en profondeur, témoignons-en ! Avons-nous été curieux ? Avons-nous trouvé de bonnes choses ? Alors, disons-le ! Pourquoi tant d'arrogance ? Pourquoi toujours comparer ?

Le besoin de comparer manifeste l'angoisse profonde du monde chrétien à ne pas être dans la vérité, à ne pas être dans la bonne religion, à ne pas se tenir dans le bon tas ! Le chrétien est déjà si angoissé par l'athéisme des sociétés occidentales modernes qu'il veut se persuader qu'il détient la seule religion valable ! Pourquoi vouloir prouver que notre religion est la meilleure ? Pourquoi avoir peur ?

Simone Weil relève que « le Christ aime qu'on lui préfère la vérité, car avant d'être le Christ, il est la vérité. Si on se détourne de lui pour aller vers la vérité, on ne fera pas un long chemin sans tomber dans ses bras[1] *». Dans la vérité, on trouve Jésus toujours plus grand, plus large, plus profond...*

Paolo poursuit.

---

1. *Autobiographie spirituelle, op. cit.*, p. 772.

Moi, je t'assure, si je trouve une religion meilleure que la mienne, je la prends ! Où est le problème ? J'aurais le courage de tout abandonner pour tout gagner. S'il n'y avait pas une relation personnelle entre Jésus de Nazareth et moi, et un amour inaltérable de l'Eglise, je serais converti à l'islam depuis longtemps !

Plutôt que de nous comparer, cultivons donc une cordiale curiosité les uns vis-à-vis des autres.

L'attention

Sept ans après avoir découvert Mar Moussa, Paolo passa encore un nouvel été avec des amis séminaristes et scouts pour transformer l'ancien monastère en lieu de vie. Jihad, compagnon de la première heure, confessa son désir d'y devenir moine. Ce fut le premier à le faire : il était artiste et encore séminariste à Damas et avait longtemps travaillé avec les handicapés mentaux à l'Arche de Jean Vanier. Devant la porte du monastère, Paolo lui répondit :

« Ici, chacun de nous doit venir comme s'il était seul. Il faut coller à ce rocher seul et c'est Dieu qui nous mettra ensemble. »

La nuit suivante, Jihad fit un rêve : il se trouvait devant un bassin d'eau dans lequel je nageais et l'invitais à plonger. Dans son rêve, il ne parvenait pas à sauter à l'eau... Son éducation de chrétien d'Orient l'empêchait d'accepter notre vocation à unir notre destin à celui des musulmans.

Dans la réalité, il ne sauta jamais à l'eau et ne devint pas moine à Mar Moussa. C'est un autre Syrien, Jacques, séminariste d'Alep, qui sauta à sa place, avec une persévérance et une détermination étonnantes.

Aujourd'hui, vingt ans après son engagement, Jacques gravit encore le long sentier pierreux qui mène au monastère. Il est en charge d'une paroisse proche, Qaryatayn, dans laquelle il mène la vie exemplaire d'un moine consacré au dialogue. Avec son visage de prince, d'enfant, d'une douceur extraordinaire, il est l'homme le plus stable et le plus fidèle de ces lieux. Lorsqu'il chante à l'office du soir, les fresques de l'église semblent reconnaître, en cette langue syriaque qu'il est l'un des derniers à maîtriser, la langue même de Jésus.

Paolo reprend.

A l'époque je venais de Nebek sur le dos d'une vieille mule. Je passais des nuits à avancer ainsi, entre le silence et les étoiles. Je sentais en ces moments qu'il suffisait à mon existence d'aimer Dieu et d'être fidèle.

Je quittai Mar Moussa en septembre avec l'idée un peu démente d'achever ma thèse de doctorat dans l'année. Ce fut le début de la folie : hyper-volontariste, je suspendis presque toute relation personnelle pour me concentrer sur les livres... Certes j'avais quelques moments de prière, des messes, mais ils ne divertissaient pas cette âme consacrée à l'étude. Le travail était devenu pour moi une immense prière.

Le doigt sur la ligne, Paolo découvrit la concentration spirituelle, plus efficace que la concentration intellectuelle...

Pour écrire aussi Marguerite Yourcenar cherchait le niveau de sérénité auquel « les choses se reflètent comme dans une mer calme. (...) Ce qui est extraordinairement difficile à acquérir, c'est ce que les sages hindous appelaient l'attention, une attention qui élimine les trois quarts, les neuf dixièmes de ce que l'on croit penser, tandis qu'en réa-

lité on ne pense pas ; on assemble des bouts d'idées qui sont déjà là. Il faut éliminer tout cela et fixer sa pensée sur rien, ce qui est très hygiénique. Ou alors, au contraire, on se fixe sur un point qu'on ne quitte pas, qu'on ne lâche pas une minute[1] ».

Au mois de novembre, j'écrivis les premières lignes, elles m'emportèrent : ma thèse coulait comme un ruisseau au flux irrégulier ; devant l'ordinateur allumé, je tenais des heures de concentration afin de dire une chose qui ne sortait pas, jusqu'à ce qu'elle surgisse et s'écrive d'elle-même. La nuit, je dormais trois ou quatre heures et, le reste du temps, je travaillais.

Je me fixai l'objectif de rendre ma thèse pour Pâques. Bien que je porte la barbe depuis l'âge de dix-sept ans, je la mis « sur le tapis », promettant de la couper si je ne tenais pas l'échéance. Finalement, je dépassai celle-ci : je dus finir ma thèse sans barbe, ce qui donna une sensation de nudité étrange à mes dernières pages !

Une barbe, des cheveux, et l'honneur au milieu : tout cela est bien oriental ! Paolo, sans barbe, sans ce tour gris et noir qui rappelle Samson et sa mystérieuse force, soutint sa thèse avec succès le 28 mai. Le 29 mai, il était déjà dans l'avion pour la Syrie. Il passa l'été 1990 à Mar Moussa, suivi d'une troupe agrandie de volontaires et d'ouvriers, tous jeunes, tous attirés par l'aventure, avant d'être à nouveau écarté du lieu... pour la dernière fois.

---

1. *Les Yeux ouverts*, Le Centurion, 1980.

Evangélisation

C'est aux Philippines, pays du Sud musulman, que Paolo partit faire sa dernière année de noviciat. Après quelques semaines passées à construire des maisons dans une banlieue de Manille, il voulut se rendre à l'endroit où les habitants seraient le plus « chez eux » possible. A cent kilomètres de la capitale, au bord du grand lac d'Angat, il en trouva un, beau et préservé, peuplé de forestiers, de nomades non évangélisés et de maquisards communistes.

Lorsque j'arrivai, le chef de tribu Dumagat m'accueillit. Il me montra ses cahutes en branches, bâties pour protéger les familles de l'humidité. Flanqué d'un interprète inefficace, j'eus d'abord quelques difficultés à dialoguer. Puis je me mis à employer des mots neutres, débarrassés de connotation culturelle, pour finir par m'exprimer en usant de métaphores. Car dans le monde de ces indigènes, il n'existait pas de notion abstraite.

Au long de cette visite, je remarquai qu'un vieil homme, petit et maigre, enroulé dans un pagne, ne perdait pas un mot de notre conversation. Lorsque notre entretien fut achevé, cet homme me reçut chez lui et nous discutâmes toute la nuit. A travers lui, j'eus la sensation inédite d'accéder à une âme pré-historique. A la question : « Quel âge as-tu ? », il me répondit en souriant, comme si mon interrogation était absurde, qu'aucun d'entre eux ne comptait ses années. C'était une façon de dire qu'ils ne comptaient, eux non plus, pour personne. Puis je lui demandai où se trouvait son père, probablement décédé, étant donné son grand âge. Il me répondit : « Sous la terre. Parfois, je sens qu'il me visite et cela m'effraye. » Enfin, je l'interrogeai : « Quelle est l'histoire de la lune, chez vous ? » L'homme me répondit : « Nos ancêtres ont dû la connaître. Mais nous, nous l'avons oubliée... Si tu la connais, raconte-la-nous ! »

Soudain les larmes coulent sur les joues de Paolo. Je touche l'incroyable souplesse de son cœur... Comme celle de la lune ici, l'histoire oubliée de Jésus, présente dans la mémoire secrète de chaque être, est celle dont il veut faire de toute sa vie le rappel.

Le dimanche suivant, nous préparâmes le lieu où j'allais dire une messe : les hommes de la tribu construisirent un autel à partir des mêmes branches que celles de leurs cabanes, puis nous sculptâmes un calice dans le bambou et choisîmes la plus belle feuille de bananier pour y placer le pain. Ainsi la connexion culturelle pouvait s'établir.

Ce jour-là, au bord du lac, nous lûmes l'Evangile où Jésus calme la tempête et multiplie les pains : ce fut une véritable Pentecôte...

Paolo pleure encore longtemps. Les larmes coulent au bord d'un lac oublié des hommes. Des larmes de joie, comme une pluie tropicale.

J'ai reçu la grâce immense de participer à l'évangélisation d'un groupe humain, d'être le spectateur d'un don de communication extraordinaire : je puisais un sermon au fond de mon âme et y trouvais la Bonne Nouvelle... Nous étions baptisés dans nos larmes. Dans le repas qui suivit, le riz avait le goût de l'Eucharistie, le poisson celui de Tibériade. Jésus s'annonçait de lui-même. L'esprit agissait, comme un souffle, non pas pour sortir les gens de chez eux mais pour les enraciner dans leur vie. La magie ne tombait pas du ciel. Non, elle provenait de l'intérieur, elle surgissait des circonstances de notre histoire, aussi petite et misérable fût-elle.

Quand je pense que j'ai laissé tout cela pour Mar Moussa...

Cette phrase, Paolo la prononce entre deux sanglots. Elle le surprend. Elle est suivie d'une longue respiration. Il y a ce silence des mouchoirs, de l'abandon à ce moment. Mais la surprise réveille ma curiosité. Il m'explique.

Louis Massignon le dit très bien : l'islam est une religion qui connaît déjà l'activité de l'Esprit. C'est pourquoi l'évangélisation peut y paraître vaine et stérile. Il est rare qu'elle offre une Pentecôte nouvelle. Les peuples de terres neuves, fragilisés par la colonisation, sont demandeurs d'une culture puissante. Dans leur identité affaiblie, l'amour du Seigneur arrive en consolation, l'Esprit agit, il fait ses miracles mais toujours dans une équivoque.

L'islam, au contraire, nous oppose une identité énorme, une hyper-conscience identitaire, civilisationnelle. Même la colonisation n'a pas réussi à l'affaiblir. La Chine, l'Inde, ont la même force : ces grandes civilisations religieuses se sentent plutôt supérieures à nous, chrétiens. Avec leurs puissants mécanismes de contrôle social et la profondeur de leur expérience, elles résistent à l'évangélisation. Pour que celle-ci s'opère de façon transfigurante plutôt que défigurante, il faut des générations de personnes enracinées en silence, d'âmes données, aimantes. Il faut beaucoup de larmes. Je crois beaucoup au rôle des larmes dans la dynamique missionnaire. Quand l'Esprit est présent, il peut produire un baptême de larmes.

C'est toute sa vie que Paolo déroule devant moi, tout le sens de son existence, révélé là avec les plus petits, les plus humbles, les oubliés de la planète.

Lorsque enfin Paolo quitta les rives d'Angat, le chef lui dit : « Toi, contrairement aux autres, tu poses beaucoup de questions. Les autres, ils n'en posent pas, ils n'ont que des choses à dire. »

Rien n'est urgent face à l'éternité. Pourtant au quotidien, toutes les tâches sont à faire, et vite. Patient et impatient, Dieu nous invite à tourner et à retourner, en riant, un sablier qui coule à l'infini. Et s'il a mis autant de temps, s'il a attendu des millions d'années pour faire l'humanisation, est-il si sûr que Dieu soit très pressé de faire la christianisation ?

Le travail de « défrichage » amorcé par Charles de Foucauld chez les Touaregs d'Algérie pourrait encore durer des siècles avant de donner du fruit. Peu importe ! Nous ne sommes pas pressés... Nous voyons très bien notre limite d'hommes. Que fait-il au fond de l'Algérie ? Il ne convertit personne, il se positionne simplement là, comme une poudre de levure.

Par la patience et l'humilité, son aventure se fait chrétienne ; il fait des petit pas derrière Jésus. Comme lui, j'essaye de vivre auprès des musulmans, de les accueillir en profondeur, doucement, pour éprouver l'universalité du message du Christ. Je pousse cette logique au plus loin sans savoir jusqu'où elle nous mènera. Je pense que les résultats étonneront autant les musulmans que les chrétiens, à la fin des temps.

Moi, je n'ai qu'une nuit pour jouer : aussi, c'est toute mon existence que je donne. Les fruits peuvent rester des millénaires invisibles, que m'importe !

Dire que « j'ai laissé tout cela pour Mar Moussa » révèle que notre mission syrienne est plus complexe, plus difficile ! Les musulmans, comme nous, n'ont plus la pauvreté des gens du bord du lac... Nous avons oublié le goût des touches toutes neuves du Seigneur. Ce sont celles qu'il faut chercher ! Ayons le désir de réécouter ce que nous avons oublié, le récit perdu, le récit qui donne du sens à la vie, le récit qui donne de l'espérance, le récit qui peut nourrir notre désir de salut.

Inoxydable islam

*A peine rentré à Manille, Paolo partit pour le Sud
musulman, dans la région où sévissent les milices radicales
d'Abou Sayyaf. A bord d'un bus, il traversa le Mindanao
pour atteindre le cœur de la résistance islamique du pays. A
Holo, il vit la gloire de l'islam éclater à travers d'immenses
mosquées en palafitte, dressées sur les rives de la mer
musulmane...*

Une communauté de pères missionnaires m'accueillit
à Marawi et me donna, pour la nuit, la chambre d'un
évêque, mort quelques mois auparavant dans un accident d'avion. Dans la pièce, rien n'avait été changé.
Parcourant les ouvrages posés sur les étagères de sa
bibliothèque, j'eus la sensation très nette d'entrer en
communication avec cet homme. A sa suite, au bout du
monde, je voyais les présences de Louis Massignon, de
Charles de Foucauld et du fondateur des Petits Frères
de Jésus, le père Voillaume... Grâce à eux, mon hôte
missionnaire avait poussé son inculturation auprès des
musulmans. Il était toujours là, en mission.

*Paolo articule doucement, il me fait penser à un boud-
dha aux yeux mi-clos convoquant l'Esprit en même temps
qu'il parle. Une respiration calée sur l'Invisible.*

Ironie de l'histoire... de la grande Histoire : cette
région fut très tôt marquée par le combat entre l'Occident chrétien et l'islam. Lorsque les conquistadores,
satisfaits d'avoir chassé les Maures d'Europe, partirent
pour le Nouveau Monde et le dépassèrent, ils rencontrè-
rent à nouveau l'islam ! Ceux d'entre eux qui avaient
poursuivi leur route au-delà du Mexique, jusqu'à la côte
philippine, se trouvaient de nouveau face à ceux qu'ils
croyaient avoir éradiqués à Poitiers ! Ils avaient fait le
tour du monde et les Maures combattus au Maroc, parlant le même arabe, chassés d'Espagne, étaient encore
là !

Ainsi l'Eglise et l'islam voient leur histoire mêlée
depuis des siècles. Depuis Mahomet, l'Eglise se pense
par rapport à l'islam, elle se façonne au contact de cet
Autre, inoxydable, indissoluble. Lorsque je constate que
quatorze siècles de vie parallèle n'ont pas suffi à établir
une interaction féconde, je ressens une urgence à m'en
occuper !

Pour l'Eglise comme pour l'islam, le sujet est capital,
théologique. Comment continuer à nous ignorer
mutuellement ? Comment sortir de notre logique de
« concurrence » ?

Dans les faits, nous agissons comme des rivaux : au
sud des Philippines, par exemple, je croisais souvent les
missionnaires pakistanais, libyens, saoudiens, les *tabligh*,
venus annoncer la révélation de Mahomet avec les
mêmes méthodes que celles de nos itinérants chrétiens.

Car évidemment, comme les chrétiens, les missionnaires musulmans cherchent à étancher la soif de transcendance des hommes. Pour cela, ils utilisent des symboles, des paroles, des méthodes qui parlent à tout individu. Ils enseignent une prière et ouvrent un Coran qui manie, comme la Bible, de beaux concepts élémentaires. A travers eux, pour les personnes les plus simples du monde, le rapport à Dieu devient facile.

En déambulant dans les villes du monde arabe, on peut remarquer la sorte de féminité virile que détiennent les musulmans. Cette grâce vient, je crois, de l'amour tendre qui, en islam, est porté aux enfants. Par extension, le Dieu de l'islam apparaît maternel, « miséricordieux », mêlant les entrailles au pardon. Dieu pardonne en son sein, in utero. Jésus, de son côté, parle en paraboles, répond aux questions, regarde doucement, pose des actes concrets. Dans ces deux traditions, Dieu se révèle à tout homme sans crispation, sans violence.

Il faut se demander si, aux Philippines ou ailleurs, les chrétiens et les musulmans pourront un jour parler de Dieu ensemble. Le facteur linguistique est là central : en Asie ou en Afrique, les musulmans parlent à Dieu en arabe tout en utilisant une autre langue pour s'exprimer dans leur vie courante.

Les chrétiens disent *Dios* là où les musulmans prononcent *Allah*. A l'inverse, dans le monde arabe, surtout au Machrek, de l'Egypte à l'Irak, les chrétiens d'Orient vivent avec la même langue que les musulmans. Ils comprennent la prière de l'autre. Cela facilite l'entente, la cohabitation et le dialogue.

Je crois plus probable, donc, de voir avancer dans un premier temps la rencontre islamo-chrétienne dans la région originelle de l'islam, le monde arabe, plutôt qu'au sein d'une mégapole asiatique. La vocation de Mar Moussa s'inscrit dans la logique de cette réflexion puisque là les chrétiens vivent et prient en langue arabe, comme leurs voisins musulmans.

Langue arabe

Louis Massignon, non content de connaître la langue arabe et de l'utiliser, s'attache avec brio à déchiffrer son mystérieux pouvoir : « D'elle-même, la langue arabe coagule et condense, avec un certain durcissement métallique, et parfois une réfulgence hyaline de cristal, l'idée qu'elle veut exprimer, sans céder sous la prise du sujet parlant qui l'énonce (...) L'islam, en faisant de l'arabe sa langue "liturgique", a favorisé à l'extrême ce durcissement compact et dense, cette abstraction osseuse[1]. »

La langue arabe est aux musulmans ce que l'hostie est aux chrétiens : elle est la chair de la révélation coranique.

La langue de l'islam cristallise le Dieu unique. Chaque culture peut s'enrichir de l'arabe sans perdre de sa spécificité ou de son histoire. La langue de la révélation fertilise les cultures locales plutôt qu'elle ne les écrase. C'est ainsi que les civilisations perse ou moghole ont accru leur puissance et leur unité en ajoutant la langue arabe à leur répertoire idiomatique. L'islam est

---

1. Louis Massignon, *L'Hégire d'Ismaël*, Le Cerf, 1997, p. 93.

dépourvu de complexes par rapport à la mondialisation : il sait se frotter aux langues et s'adapter aux cultures multiples, sans perdre son âme.

Les responsables musulmans sont vigilants à l'égard des traductions car ils souhaitent maintenir la *Oummah* (Communauté des croyants à l'islam) autour d'un seul texte. Voilà pourquoi les traductions du Coran en anglais, en urdu ou en persan ne sauraient toucher sa portée symbolique et spirituelle, seulement peuvent-elles rendre intelligible son sens. Les traductions sont faites pour les besoins de l'étude, non pour la prière. Chaque musulman, obligé d'apprendre l'arabe, peut s'unir à ses frères d'un bout à l'autre du monde.

Comme nous le faisons à Mar Moussa à la fin de toute prière, les croyants musulmans disent Salam *de droite à gauche et, ainsi, font le tour du monde. Aux côtés de ses frères, l'homme musulman écoute la parole de Dieu et met dans sa bouche les prières que Dieu écoute. Ensemble, ils ne forment qu'une seule ligne de prière et la langue arabe les relie.*

L'histoire chrétienne est moins unitaire sur ce point. Dès sa naissance, notre tradition, issue du monde juif, s'interroge sur la valeur de sa langue. Jésus parle l'araméen et lit l'Ecriture en hébreu ; les Evangiles sont ensuite rédigés en grec.

L'Esprit de Jésus ne répond à aucun code préétabli. En dépêchant le don des langues aux disciples, il refuse de se figer dans un idiome précis

Oummah

Assise un après-midi au seuil de la mosquée des Omeyyades, j'ai été envoûtée par le charme de la Oummah. *Le monde musulman, unifié et éclaté, multiple et atomisé, affluait. Depuis le muret de pierre situé à gauche de la grande entrée, je voyais se présenter l'aveugle, le mendiant, le vieillard et les grappes de fidèles, comme un seul peuple sous les vagues de pigeons.*

Si un musulman indonésien croise un musulman algérien converti à une autre religion, il meurt de rage... Puisque le monde musulman croit que la révélation coranique est la plus parfaite, il considère ceux qui l'abandonnent dans l'erreur. De ce fait, tout apostat musulman est condamnable. Personne ne peut être excusé de quitter la *Oummah*. Ceux qui le font suscitent une réaction d'hostilité d'un bout à l'autre du monde car ils blessent la vérité dernière. C'est pourquoi il est très difficile de convertir les musulmans au christianisme. Et ce, d'autant plus que le nom de famille, le prénom, le lieu de naissance trahissent facilement une origine musulmane.

Je veux croire que cette rigidité, qui peut pousser au

crime, va évoluer. Pour que l'islam mûrisse sa tolérance, il ne doit pas se sentir menacé par l'Occident et par le modèle de nos sociétés qui placent le libre arbitre au centre. Il faudrait modérer la réaction d'autodéfense des sociétés musulmanes : accepter par exemple que l'espace politique reste chez elles celui qui rend possible l'adoration du Dieu unique à tout instant. Il faudrait laisser les musulmans créer leur modèle politique sans leur imposer le nôtre. Tentons de témoigner sans violence, à notre échelle, sans diktat intellectuel, notre conception aux croyants musulmans !

Un jour que je participais à un colloque sur l'œcuménisme musulman à Damas, je me rappelle avoir dit que ceux qui n'aiment pas l'unité des musulmans ne peuvent pas comprendre ni aimer l'unité des chrétiens. Un chrétien qui n'aime pas voir les musulmans s'unir ne peut pas souhaiter l'unité dans sa propre religion. L'unité ne se divise pas. Ou bien on aime l'unité pour tous, ou bien on n'aime pas l'unité.

Ainsi le désir d'unité de l'islam et le désir d'unité des chrétiens sont deux désirs qui pourraient s'intégrer à un même vœu d'unité humaine.

Gandhi

Au retour des Philippines, Paolo fit étape en Inde. A New Delhi, au cours d'un bel après-midi avec Thani Ithnayn, un de ses amis musulman, il visita la Birla House, la maison devant laquelle Gandhi avait été tué.

Le Mahatma semblait présent dans chaque pièce : il portait, accompagnait, réchauffait nos esprits. En sortant, Thani s'exclama : « Gandhi refusait la partition de l'Inde. Il était prêt à partager la vie de la minorité hindoue au Pakistan. Vraiment, cet homme est mort pour la justice ! » Gandhi, en accompagnant la minorité musulmane d'Inde dans ses pèlerinages sacrés et en jeûnant avec elle, s'en est également rendu solidaire.

Notre conversation est interrompue par des cris. Je sors sur la terrasse et trouve une femme corpulente, agitée et bruyante, couverte d'une djellaba d'un épais tissu noir. Je la reconnais, elle est déjà venue faire la cuisine au monastère pour gagner un peu d'argent. Un homme, furibond et dégoulinant, la rattrape : chauffeur de taxi, il réclame la somme de sa course et le remboursement du poulet qu'elle a englouti en route. Dima, fine et délicate novice, brandit un trousseau de clefs comme pour défendre la paix du lieu. Elle vient trouver, au fond de la malle du salon, la petite cassette qui renferme l'argent liquide du monastère. La femme se calme. Paolo la gronde. Et le désert silencieux à nouveau se dépose.

Adipeuse, nocturne et turbulente, la femme m'apparaît comme l'exact inverse d'un Gandhi ascétique, immaculé et discret. Elle est un Gandhi en négatif. Qui, des deux, est le plus près de Jésus ? Comme cette question est inutile, une autre apparaît, déductive : Gandhi a-t-il rencontré Jésus-Christ ?

Paolo laisse un silence puis répond.

Sur le plan mystique, Gandhi incarne la miséricorde des dieux de l'Inde ; en lui, je crois que le corps du Christ s'est rendu efficace. Je pense donc qu'à travers Gandhi, Jésus a pu rencontrer beaucoup de monde...

En prononçant un vœu de paix, Gandhi s'est déclaré disposé à mourir pour le réaliser. Dès la marche du Sel, il était un martyr potentiel de la paix. S'il avait craint la mort, ne serait-ce qu'un instant, la Vérité n'aurait pas progressé ni traversé le monde.

Comme les moines, les religieux, les mystiques, les soufis, Gandhi fait partie de l'avant-garde spirituelle qui assume une fonction pour l'humanité tout entière. Selon Louis Massignon, lorsque l'élite spirituelle se met au service des masses, elle les élève à la maturité, comme un levain. De fait, Gandhi a permis aux masses de l'Inde de prendre conscience de leur vocation à réaliser la Vérité. Et son message va encore plus loin : Gandhi n'est pas seulement l'initiateur d'une méthode de combat politique, il propose la non-violence comme attitude mystique.

Simone Weil pense que l'intellectuel, par son mot, a fortiori par son témoignage, est le levier des masses en mouvement. La chrétienté d'Orient, l'islam arabe, l'Occident, l'Inde, la Chine, les groupes syndiqués : ces masses mouvantes dans l'Histoire peuvent être orientées par la vision voire la prophétie d'un poids infime d'intellectuels. Un petit geste, s'il est opportun et juste, change le monde. N'est-ce pas ce que Jésus signifie lorsqu'il déclare qu'un verre d'eau donné à un assoiffé indigent couvre un océan de péchés et rééquilibre le monde ?

La part visible de notre univers est si petite, comparée aux larges nappes spirituelles qui la sous-tendent !

L'univers de la foi est souple, liquide, mouvant, comme la flamme d'une bougie. Devant nous, le désert est amniotique.

Dans l'époque d'extériorité et de puissance médiatique dans laquelle nous vivons, il est difficile de ménager un espace aux efficacités invisibles. L'âme humaine est pourtant la grande souveraine.

Comme le dit Gandhi, ne vaut-il pas mieux perdre sa nation plutôt que perdre son âme ?

Miraculé

Perdre sa nation plutôt que perdre son âme... A son arrivée à Rome, en mai 1991, Paolo reçut une lettre du provincial, lui assignant sa nouvelle destination.

Petite, j'étais parfois emmenée à la messe rue de Sèvres, à Paris, dans une église de jésuites. Je m'y ennuyais ferme sauf les fois où, arrivés en retard, nous prenions place sur des poufs, à même le sol. Il régnait là un chaos qui me plaisait... et qui n'est pas étranger, je crois, à cette manière qu'ont ces espions de la foi de recevoir leur ordre de mission, tels des agents 007 de l'Eglise.

J'étais destiné à servir dans une paroisse d'Homs, ville située à une heure de Mar Moussa. La lettre de mon provincial me confirmait que, sans être paranoïaque, j'avais devant moi une vraie résistance : on ne voulait pas me laisser servir dans ce monastère-là, même à titre expérimental... A peine m'autorisait-on à m'en occuper sur un plan archéologique.

Arrivé à Homs, je pris mes affaires et m'installai à Mar Moussa.

Je lève sur Paolo un regard interrogateur. Dans son œil, la lueur d'un enfant indocile.

L'été commençait juste, ce n'était donc pas encore, à proprement parler, un acte de désobéissance...

Cette réponse toute jésuite éveille un Paolo insolent, provocateur, ingouvernable face aux professeurs, une fibre si difficile à éradiquer, une graine de mauvaise foi, surprenante pour un religieux...

Il fallait d'abord que je parvienne à convaincre l'évêque de m'accueillir pour l'année à Mar Moussa. En effet, il était impératif qu'un diocèse m'autorise à continuer à servir comme prêtre quelque part.

La veille de ce rendez-vous décisif, alors que je rentrais de Damas en autobus, je fus victime d'un terrible accident. En pleine nuit, lancés à vive allure dans une descente, nous percutâmes un camion chargé de ciment. J'étais installé à la place du fond, dans l'allée centrale avec, à mes pieds, le matelas roulé que mon voisin avait acheté à Damas. L'impact fut terrible. Le chauffeur, qui venait d'ailleurs de choisir une très belle musique, survécut mais il y eut une douzaine de morts parmi les passagers. Toute l'aile droite du bus était écrasée. J'avais été catapulté contre le matelas à l'avant du bus. Le choc m'avait ouvert une blessure bénigne à la jambe comme pour me montrer que la mort était passée tout près. Lorsque je me relevai, je vis les corps éparpillés sur la route : c'était le tableau d'une tragédie.

Sans réfléchir j'allai soulager les gémissants. Il semblait que j'étais le seul miraculé opérationnel. Aucune voiture ne s'était encore arrêtée. Les automobilistes défilaient, nous abandonnant à l'odeur de mort que nous dégagions.

A quelques kilomètres, au bord d'une route, entre Jérusalem et Jéricho, vingt siècles auparavant, un homme à demi mort attendait lui aussi d'être secouru. Ni les brigands qui l'avaient dépouillé, ni le prêtre, ni le lévite n'avaient eu pitié de lui. La peur de la mort, de la responsabilité dont elle éclabousse ses alentours avait vaincu la charité (parabole du Bon Samaritain, Luc 10, 29-36).

Cela me scandalisa. Je pris une grosse pierre pour contraindre les voitures à s'arrêter. Ce fut un acte de violence inouï. Dans un sentiment d'apocalypse, je jetai les corps blessés dans les voitures pour qu'elles les emmènent à l'hôpital le plus proche.

Une fois l'urgence soldée, une atmosphère sans cri, chargée de compassion et de miséricorde, s'installa sur notre chaos. Tout était humide comme la tendresse divine. J'allai chercher un à un les cadavres éparpillés sur le bord de la route. J'étais en train de faire tout le boulot !

Mais arriva un moment où, las, je m'effondrai. Mes larmes venaient du plus profond de mon être. Quelqu'un s'approcha, mit sa main sur mon épaule et me demanda en arabe quelque chose comme : « Y a-t-il quelqu'un à toi parmi ces morts ? » Dans un grand sanglot, je lui répondis : « Ils sont tous à moi ! »

Les âmes peuvent se dilater à l'infini. Elles atteignent alors une dimension étrange, insoupçonnée, inestimable. Elles prennent le calibre de l'humanité tout entière, et s'appellent Abraham, Jésus, Gandhi, Bouddha...

On me ramena ensanglanté à Homs. Il était trois heures et demie du matin lorsque je m'approchai par les rues désertes, maculé de sang comme un criminel, de la maison des jésuites. J'entrai. Tout le monde était endormi. Personne ne me savait miraculé. Je me déshabillai et lavai mes vêtements. Lorsque enfin je me couchai, je me dis : « Pas de Compagnie de Jésus, pas de diocèse, toutes ces questions ne se posent plus car cette nuit, je viens de mourir. »

Au réveil, j'allai trouver mon supérieur jésuite pour lui déclarer, droit dans les yeux : « Je suis mort, la question ne se pose plus, il suffit d'obéir à un choix, au mien, il n'y a plus aucune hésitation. Je vais à Mar Moussa. » Dans le même souffle j'entrai chez l'évêque de Homs et lui fis part de ma décision. Les deux tentèrent de me dissuader de provoquer un scandale : ils me conseillèrent de laisser passer l'été avant de commettre l'irréparable.

Pour moi, cela faisait dix ans que je m'occupais de Mar Moussa ; le lieu méritait plus qu'un simple regard d'archéologue ou de conservateur des Monuments historiques. Il réclamait un autre niveau d'intérêt. Un degré d'investissement personnel plus lourd, plus conséquent, plus durable : un niveau spirituel, audacieux, mystique. Mar Moussa devait devenir un lieu de rencontre, d'inculturation, de progression dans le sillage de Jésus.

Ma décision était mûre.

Incardination

Quelque temps après, Paolo apposa sa signature au bas du document d'« incardination dans un diocèse » (« Je suis volontaire pour passer de la juridiction d'un supérieur jésuite à celle d'un évêque ».) Il quittait l'ordre des jésuites, celui qui avait pris soin de son père lorsqu'il était en prison, celui qui lui avait appris à réfléchir, à s'ouvrir, à prier.

Ce choix était trop grand pour moi. Néanmoins, je signai le document avec la certitude que ma conviction et mon intuition trouveraient un jour à nouveau leur place dans cette famille jésuite. Le dilemme conscience (ce que le Seigneur jetait dans mon cœur)/Eglise (mes supérieurs jésuites) devait se résoudre. Pouvait-il en être autrement ?

Au bas du document je lus que l'évêque jouissait d'un délai de cinq ans pour m'accepter dans son diocèse. Au terme de ce délai, s'il me refusait, la Compagnie de Jésus aurait alors le devoir de me réintégrer.

Le 14 mars 1992, le supérieur général de la Compagnie, en visite au Proche-Orient, s'arrêta à Homs. De grand matin, je partis de Mar Moussa pour me rendre à ma dernière messe avec les jésuites de Syrie. J'avais le sentiment d'aller à l'échafaud.

Incardination

Tandis que je marchais, une chanson de militaire italien remonta à ma mémoire. Elle était la complainte d'un capitaine blessé : « Lorsque je serai mort, vous ferez de moi cinq morceaux. Le premier sera pour ma mère, le second pour le roi, le troisième il sera pour mon premier amour (la Compagnie de Jésus était mon premier amour !), le quatrième morceau, vous l'enverrez au régiment, le cinquième, vous le donnerez aux montagnes. » En la chantant, je versai toutes les larmes de mon corps : moi aussi j'étais en morceaux !

Je me souvins de mes exercices spirituels du noviciat : le Seigneur m'avait, d'une certaine manière, annoncé l'échec. Il était fidèle à sa parole. Voilà que je faisais la faillite la plus coûteuse, la plus humiliante, la plus impensable que je puisse imaginer et qu'en même temps je trouvais le Seigneur fidèle, présent à mes côtés, plein d'amour.

Arrivé à Homs, les yeux rougis par les larmes, je dis au Père général, le père Kolvenbach, qui commençait à bien me connaître : « Mon Père, je reste très attaché à la Compagnie. » Il me répondit : « Paolo, la Compagnie reste très attachée à toi. »

Ce fut fini. A partir de cette phrase, Paolo redevint un « rien du tout ». Désormais Mar Moussa serait sa seule demeure et Jacques sa seule famille. Telles seraient les circonstances de la naissance de ce couvent. Mais à présent, il restait à en trouver le cadence, l'harmonie. Enfin Paolo allait comprendre si les trois priorités, l'absolu de lu vie spirituelle, le travail manuel et l'accueil, qu'il avait vues apparaître dix ans auparavant étaient solubles dans une vie quotidienne.

Résistance

Nous sommes à Mar Moussa. L'après-midi est déjà avancé lorsque Paolo m'invite à l'accompagner jusqu'au nouvel enclos à chèvres. Frédéric, novice français, est avec nous. Les deux hommes ont passé leur robe grise, et ceint leurs hanches d'une large ceinture de cuir marron. La montagne semble particulièrement sèche, assoiffée, ardente. Nous marchons le long d'un cours qui n'a plus d'eau, le Wadi. Il a, durant des millénaires, tracé sur la pierre son sentier luisant, avant de disparaître. Avec ce récit, c'est son cours tourmenté que nous remontons.

Deux jours après Pâques, deux hommes se présentèrent au monastère derrière le curé de Nebek. Agressifs, ils déclarèrent qu'ils ne voulaient pas d'un étranger à Mar Moussa. Puis ils me saisirent par le bras pour me faire sortir. Pour la première fois de ma vie, je ne réagis pas, je fus gandhien. Au bout d'un moment, devant cette résistance calme, l'homme desserra son étreinte et je pus m'asseoir par terre. Jacques, mon compagnon, fit de même.

Les hommes se mirent à fouiller dans les recoins de l'unique pièce habitée du monastère, parmi notre correspondance, nos livres, dans le but de trouver les clefs que, par prudence, j'avais cachées. Tous nos documents passèrent par la fenêtre. Las, ils finirent par partir. Je sentis que Jacques et moi avions vécu en cet épisode un instant de vérité. Il nous sembla que celui-ci valait largement ce monde et qu'il nous introduisait déjà dans l'autre monde...

Quelques jours plus tard, le vicaire épiscopal me contraignit de demander pardon au « commando ». On lui avait fait un récit mensonger de notre altercation ; et moi, protégé par personne, défendu par aucune institution, je n'eus pas d'autre choix que de me rendre à Nebek pour m'excuser auprès de mes agresseurs.

A travers cet incident, Paolo apprit l'art mystérieux d'absorber la violence ; il accepta de perdre la face pourvu que son objectif plus ample, plus important, plus lointain soit toujours en vue. Car avant tout, il avait une promesse à tenir : celle de rester fidèle à son oui, fidèle à l'idée que « oui, Jésus, je chercherai toujours à imiter ton attitude, tes options, tes choix, tes priorités ».

Plus tard, vinrent des extrémistes musulmans pour tenter de le faire taire définitivement. Comme prétexte, ils l'accusèrent d'être un espion. En Syrie, dans un Etat militaire, cette accusation pesait d'autant plus lourd qu'il n'était plus protégé par les jésuites. Mais devant sa trop grande franchise, ses agresseurs comprirent qu'il eût fait un très mauvais espion. Paolo me confie sa conclusion.

Il faut éviter que la haine gagne le fond du cœur car alors on tombe malade. Chaque fois que la haine menace de prendre racine, il faut en arracher la souche.

Jacques

Aujourd'hui, dans le matin ensoleillé, Jacques et moi sommes installés sous la tente dite « d'Abraham », suspendue au désert. Tout de suite, un silence se dépose. Mon regard balaye l'horizon : comment peut-il y avoir si peu de sons dans tant d'espace ? Jacques est doux et discret, il est le tout premier disciple :

« J'ai rencontré Paolo en juin 1987. J'avais dix-huit ans et commençais juste mon séminaire au Liban. Conduit à Mar Moussa par mon ami Jihad, je trouvai cet Italien barbu en train de crier dans la montagne... comme cela est resté son habitude...

« Durant les trois premiers jours, aucun mot ne sortit de ma bouche. La rencontre était trop forte. Déjà, d'une certaine manière, solidaire du lieu, je décidai de prolonger mon séjour. Cet été-là, je participai au chantier : moi qui n'avais jamais vraiment apprécié le travail manuel, je découvrais la joie de cuisiner, d'aller chercher le sable à la montagne ou de porter des pierres.

« Moi qui me préparais à être un simple prêtre de paroisse, je goûtais à la vie monastique dont j'ignorais tout. Après deux ans de séminaire, je commençai à étudier l'histoire du monachisme oriental. En mai 1989, alors que le

monastère était fermé, j'y passai quatre jours, seul. En 1991, je fus le premier à m'installer, avec Paolo.

« Difficile de cohabiter avec ce mélange d'amour et de violence qui compose Paolo ! S'il vit les choses si fortement c'est aussi parce qu'elles viennent de très profond en lui.

« Paolo aimerait que chacun soit responsable de tout. Ramasser les papiers qui traînent, organiser le placard à draps, nettoyer les toilettes, balayer la terrasse : pour tout cela, il s'énerve qu'il faille donner des ordres. Il refuse d'inscrire la communauté dans une discipline militaire de peur, dit-il, que celle-ci "déresponsabilise chacun".

« La vision que Paolo détient sur cet endroit peut nous dévorer car il y a, chez lui, une sorte de jalousie positive de la vérité. Au départ, je me sentais un peu écrasé, mais au fil des années, ma relation avec Paolo a grandi en respect et en amour. Je crois que cela est dû à sa fidélité : en dépit des épreuves, qu'elles proviennent de Nebek, de Damas, du Liban ou du Vatican, Paolo n'a jamais transigé. Quoi qu'il arrive, cette aventure doit continuer, puisqu'elle est dans le cœur de Dieu. Avec sa force prophétique, Mar Moussa doit devenir une locomotive du dialogue islamo-chrétien. »

Psychanalyse

Dans les mois tourmentés de l'année 1993, Paolo décida de commencer une psychanalyse à Damas auprès d'une femme intelligente, courageuse, une musulmane proche de l'Évangile. Ils travaillèrent avec une grande intensité.

En passant par la parole et le transfert, j'espérais que mes décisions, mes options, mes choix seraient pris de manière plus objective, plus pro-positive, moins réactive. La psychologie est séduisante : du conscient à l'inconscient, elle confirme que nous sommes reliés à une réalité infinie. Elle place l'intériorité dans un vertige qui peut nous aspirer sans cesse...

Arriva néanmoins un moment où je me dis : « Ça y est, Paolo, tu te connais assez. Maintenant, tu ne vas pas te bloquer dans une logique introspective. Il faut s'engager dans un espace d'histoire, se jeter dans l'arène, avec tout ce bagage. »

Souvent le monastère de Mar Moussa apparaissait dans mes rêves sous la forme du corps de ma mère. Cette image exprimait mon refus de bâtir ce lieu d'après un modèle d'identification au père, dans un cléricalisme cérébral et macho-catholique.

Chez les jésuites, j'avais grandi dans un univers masculin et intellectuel. Néanmoins, il m'était arrivé de sentir chez certains supérieurs une écoute délicate, une oreille « maman », à l'image de saint Ignace...

Pour étayer mon intuition, je fis une méditation sur le personnage de Joseph. J'imaginai son quotidien à Nazareth : comment le père de Jésus avait-il vécu l'enfance et l'adolescence de son fils ? Comment s'occupait-il de sa femme ? Comment avait-il tenu dans la chasteté ? Comment avait-il développé une affectivité qui s'exprime spirituellement plutôt que sexuellement ?

A travers cette méditation, l'idée de fonder une communauté hommes-femmes à Mar Moussa prenait forme. Elle serait dédiée à la contemplation et à l'hospitalité. Paolo désirait imiter le caractère radical et contemplatif du Carmel, lui-même, peut-être, inspiré des harems d'Orient.

Mais il lui fallut se rendre à l'évidence : impossible de transformer Mar Moussa en citadelle isolée du monde, étant donné l'attractivité naissante du lieu. Paolo et ses premiers auxiliaires devaient renoncer au rêve d'être des contemplatifs romantiques. Cependant, l'aspiration à former un foyer d'amour mystique, qui porte la joie à l'humanité, l'essentiel, persistait.

Nuptialité

En désirant Mar Moussa avec des hommes et des femmes, j'eus l'impression d'opter pour l'hétérosexualité. Il fallait que le monastère soit nuptial, comme l'amour de Dieu pour Marie, comme celui de Jésus pour le Père. Je souhaitais que des moines et des moniales travaillent et prient ensemble et que la nuit chacun regagne sa cellule dans un bâtiment séparé, pour retrouver son face-à-face avec Dieu.

Derrière le monastère, une grotte est différente des autres : peu profonde, comme une alvéole de pierre, elle est ouverte sur le Wadi, le cours d'eau sec de la montagne. On y trouve une longue croix en bois, un petit autel et, dans la roche, un trou très profond. Là gisent les tibias, fémurs et autres avant-bras des moines de Mar Moussa. Un universitaire y a trouvé de nombreux ossements de femmes, mêlés avec autant d'humilité.

L'Ecriture sainte considère l'Eglise comme l'épouse du Seigneur. Si, dans l'Eglise, on ne fait pas l'effort de se libérer des concepts trop matérialistes de père, mère, frère, sœur, homme, femme, alors on risque de figer les genres et de sombrer dans une grave maladie spirituelle.

Aimer Dieu, qui n'est ni masculin ni féminin, aide à dépasser son propre genre. A mesure que je sens l'amour de Dieu pour moi personnellement, je n'éprouve plus de séparation entre mon corps, le corps du Christ, le corps de la Vierge et le corps de l'humanité : je suis en communion.

Jésus est certainement mon frère, il est déjà mon ami. Mon amour.

Bien sûr Jésus, Verbe qui fertilise la terre, a une teinte masculine : il est l'amant. Il est éperdument aimant de son père. Il vit avec lui une sorte de nuptialité.

On dit « Père, Fils et Esprit » et c'est toute l'humanité qui se dresse.

En arabe, l'Esprit est féminin mais son mouvement va bien au-delà. L'Esprit est homme et femme, comme la nature. Toute la mystique musulmane exprime cette pensée de nuptialité dans la relation avec Dieu. Dieu est l'Aimé.

El-Hallaj, poète extatique du IXe siècle, chante : « Mon esprit s'est emmêlé à son esprit comme le musc avec l'ambre, comme le vin à l'eau pure. »

La relation homme-femme est tellement originaire dans le dessein de Dieu qu'elle ne peut pas être dépassée. Seulement peut-elle être sublimée. Si nous, hommes et femmes consacrés, parvenons à sublimer notre relation, alors nous goûtons déjà, en quelque sorte, au Paradis. C'est en cela que Mar Moussa a quelque chose de nouveau à dire dans l'Eglise.

Blonde citadelle

Notre temps ici-bas n'est pas séparé du Paradis. Bien au contraire ! Ce monde-ci est la chair de l'Eternité... « Entre moi et Toi, il y a un "c'est moi" qui me tourmente. Ah ! enlève par ton "c'est Moi" mon "c'est moi" hors d'entre nous deux », chante El-Hallaj.

Les autres de Mar Moussa

Aujourd'hui, ils sont quelques-uns à respirer à pleins poumons, avec Paolo, le désert de Mar Moussa. Outre Jacques, ouvrier de la première heure, il y a Boutros, moine syriaque de la haute Mésopotamie, Houda, doyenne des moniales, Jihad, maronite libanais, magnifique, doué de tous les dons, et Jens le Zurichois. Les trois derniers effectuent leurs études de théologie à la prestigieuse université jésuite de Rome. Chaque soir, ils rentrent à Cori, village médiéval situé à une demi-heure de la capitale où s'est reconstitué un petit Mar Moussa. Lorsque j'y allai pour la première fois, je les trouvai pieds nus, près d'un poêle, comme au désert, au beau milieu de l'Italie.

Chaque été, ils reviennent pour trois mois à la source. Une fois, j'étais à Damas lorsque Houda rentra de Rome. Sa famille m'avait invitée à l'accueillir. Parents, frères et sœurs, neveux, ils étaient une vingtaine à l'attendre à l'aéroport : larmes de joie, silences, embrassades, fleurs, cadeaux... Nous dînâmes dans leur maison de Bab Sharki, quartier chrétien, tout proche de l'ancien district juif de Damas. La soirée fut festive, joyeuse, magnifiquement humaine. Le lendemain, Houda retrouvait Paolo et le monastère, vestale splendide dans le désert.

Houda n'a pas une histoire commune. A vingt-neuf ans, elle épousa le Syrien qu'elle aimait. Mais deux jours plus tard, il périt dans un accident de voiture. Quelques mois après ce drame, inconsolable, elle accompagna une amie à Mar Moussa. S'y trouvaient déjà Paolo et Jacques. Elle leur parla tout l'après-midi.

Après quelque temps, Helena, une jeune Italienne, disciple du cardinal Martini et proche de la pensée de Louis Massignon, s'installait à Mar Moussa. Elle était la première femme à s'y risquer pour un hiver. A Noël, Paolo se rappela Houda et lui écrivit une lettre pour lui témoigner son amitié. Quelques semaines s'écoulèrent avant qu'elle ne réapparaisse. Là, simplement, doucement, elle se mêla au rythme de travail et de prières. Il est aujourd'hui le pouls de son cœur.

A quarante et un ans, Houda offre un visage délicat lissé par la souffrance. Ses rides nombreuses sont surmontées de petits yeux chargés d'une joie pudique. Lorsqu'on l'observe marcher, on la sent capter des ondes lointaines. Sa longue robe grise donne à toute son attitude une grâce très « Charles de Foucauld ». Peut-être n'en finit-elle pas de vivre son voyage de noces...

Paolo et Houda. L'amour qui lie ces deux personnes est bien mystérieux. Il peut tenir le monastère et tous les déserts. Un jour Paolo m'avoua : « Houda m'a appris à aimer plus profondément. Moi, je lui ai appris à aimer tout le monde. En somme, l'un à l'autre, nous nous sommes enseigné à aimer dans une chaste nuptialité. Nous sommes chacun consignés à la relation à Dieu, qui renvoie perpétuellement vers l'autre, comme vers Son miroir. » A eux deux, ils bâtissent un amour de monastère, « cette abbaye de l'Amour divin ».

Frédéric, Khouloud, Dima et Youssef sont quatre novi-

ces. Ils traversent les angoisses du discernement de vocation (suis-je bien sûr de vouloir devenir moine, rester chaste, me faire pauvre, endosser cette vocation à l'accueil et au dialogue islamo-chrétien ?), apprennent ou approfondissent la langue arabe. Comme eux, beaucoup se sont essayés à vivre à Mar Moussa. Ils restent reconnaissables, par toute la terre, à la citadelle qu'ils portent dans le cœur.

De jeunes ouvriers, musulmans ou chrétiens, travaillent également à la construction de Mar Moussa. Avec des pierres et du ciment. Ils partagent les repas, les conversations, parfois les heures d'adoration. D'une année sur l'autre s'adjoignent les frères, les cousins. Au service de l'accueil des visiteurs, quelques hommes, échoués au monastère pour de multiples raisons. Chacun déambule dans l'équivoque du mot « hôte » qui, comme le dit Louis Massignon, désigne à la fois celui qui reçoit et celui qui est reçu. La beauté du site et des fresques offre à la vue de tous la grande ambition spirituelle de Mar Moussa.

Eglantine

Eglantine a des yeux de chat, la raie au milieu, d'épais cheveux ramassés en arrière, comme un escalier à double révolution. Sa révolution, Eglantine l'a faite seule, retirée dans sa chambre suspendue au vide, à flanc de roche. Car c'est là, sans être spécialement religieuse, qu'elle s'est installée pour deux ans. Elle avait vingt-cinq ans lorsqu'elle a accepté de classer les ouvrages hétérogènes et hétérodoxes de Paolo dans une bibliothèque, au sous-sol d'un désert.

Eglantine n'est pas naïve. Elle est même plutôt cynique. Discrète et prudente comme un félin, elle observe toujours longuement les autres avant de leur accorder son amitié. A Mar Moussa, elle n'a que des amis. Paolo le premier. Il l'affectionne pour la stabilité de son regard, son organisation imparable, son indépendance. Des qualités qui permettent à Eglantine d'échapper au « syndrome Paolo », plantée qu'elle est, droite et menue, sur ses deux jambes.

« Paolo est trop envahissant. Il est trop accueillant, aussi. Mar Moussa va devenir un parc d'attractions, s'il continue. A mon arrivée, j'ai été effrayée par la quantité de gens qui tournoyaient dans le monastère. C'est comme si Paolo était toujours dépassé par l'attirance qu'il suscite. »

En effet. Mais la grâce que Paolo transmet recèle un

dynamisme expansif qui, plutôt que de fixer les gens à Mar Moussa, les porte au loin.

« Il y a quelque chose d'absurde à prier dans un désert... Pourtant, savoir que cela existe me rassure. Je crois profondément qu'un lieu comme Mar Moussa, que la vie monastique, la vie évangélique sauvent le monde, chaque jour. Et pourtant, j'ignore ce qu'est cette force qu'on appelle "Dieu". Lui et moi ne nous fréquentons pas beaucoup. »

Eglantine admet qu'elle est heureuse à Mar Moussa comme nulle part ailleurs.

Les mains

Nous partons encore marcher. Sur le chemin, Paolo ramasse les sacs en plastique noirs qui volent jusqu'au Wadi, témoins de l'absence de sens écologique des Syriens. Plus loin, nous trouvons un tonneau de chaux abandonné au soleil par les ouvriers. Paolo hurle à Yasser d'apporter des marmites d'eau. S'ensuit une séance de malaxage à main nue pour redonner vie à la chaux. Lorsque nous reprenons notre route, il est seize heures. Je regarde Paolo marcher, la main encore blanche de chaux.

Les mains humaines ne sont pas des pattes ! Elles détiennent leur propre langage. Les miennes sont devenues complices, actrices de ma prière : je me figure que, invisibles, des rayons de lumière surgissent d'elles.

Les mains de Paolo sont larges, écarquillées en de longs doigts. Lorsqu'elles consacrent l'Eucharistie, elles la prolongent. Jamais avant de venir à Mar Moussa je n'avais vu de mains si transparentes, si lumineuses.

Je pense à Livia, notre restauratrice italienne de fresques qui se dit athée. Lorsque je regarde ses mains travailler, je les vois prier ! Ses mains prient ! Livia touche aux fresques avec une piété, une dévotion, une précision, un amour... Ses mains sauvent, protègent, rouvrent... La restauration des fresques est presque une prophétie tant elle fait réapparaître des images, des visages disparus. Retrouvons, comme Livia, la simplicité évangélique de nos mains.

En 2002, j'ai vu, juchées sur des échafaudages pendant des semaines, des filles italiennes et syriennes, munies de gants en plastique, de seringues, de fines spatules, de pinceaux, pour soigner les fresques. L'église était devenue une vaste salle d'opération, grouillante. Lorsque enfin l'échafaudage fut mis à terre, l'histoire des prophètes Samson, Elie, Jean-Baptiste, les peintures d'anges et de saints de la région, la grande scène du Jugement dernier, apparurent.

Cette soudaine renaissance manifeste combien les fresques de Mar Moussa sont prises dans les rets du temps : le soleil, en écoulant les heures de la journée, anime la centaine de personnages qui les composent. Lorsque, tôt le matin, il entre par la lucarne, au-dessus de l'autel, un à un, il les embrase.

Aujourd'hui, dans le néant minéral de Mar Moussa, les fresques forment un concentré de non-dépouillement.

Passion de pauvreté

Le sol de notre pièce est recouvert de tapis traditionnels, offerts par les familles de paysans de la région. Le désert n'a jamais été aussi élégamment vêtu.

Pour moi, la pauvreté est inséparable de la chasteté et de l'obéissance. Elle s'intègre à un renoncement plus large. Lorsqu'elle est désirée, elle me fait dire : « Je ne veux plus être le seul maître à bord. » La pauvreté fait descendre le ciel sur la terre. Elle ne transporte pas dans un autre monde mais nous fait mieux entrer dans ce monde-ci... plus loin et plus profond.

Pourquoi Jésus, fils du plus riche, a-t-il accepté de poncer de la charpente pendant trente ans, dans un pauvre village de Palestine ? Pourquoi a-t-il opté pour la pauvreté ? Par souci d'efficacité. Car, pauvre, Jésus pouvait rencontrer tout le monde. Sa pauvreté est devenue passion, gage de sincérité : un magnifique vecteur d'amour.

Il faudrait, après Jésus, goûter le dénuement dans son aspect ascétique et extatique. Ascétique, car la pauvreté aide à vaincre nos attachements aux biens matériels et l'attrait pour les pouvoirs qui en découle. Extatique, car elle procure la joie de se sentir solidaire de tous les hommes.

La pauvreté de saint Ignace est également une passion. Elle marque un désir d'imiter Jésus. Ignace se dit : « Si Jésus a utilisé la pauvreté pour sauver le monde, qui suis-je, moi, pour sauver le monde autrement ? » Voilà pourquoi le jésuite traditionnel n'a jamais un sou en poche. De mes yeux, j'ai vu un grand professeur de soixante ans demander au chef de maison quelques pièces pour acheter un ticket d'autobus.

Malgré tout, la pauvreté du jésuite est adossée à la richesse de la Compagnie. C'est-à-dire que si chaque jésuite est pauvre, il reçoit son éducation dans les universités les plus prestigieuses, il a accès à de somptueuses bibliothèques, bref il est très bien traité. De la même façon, à Mar Moussa, les moines et les moniales ne sont pas volontaristes avec la pauvreté, même s'ils en gardent l'exigence. Paolo justifie leur attitude.

Dieu est riche, il n'est pas intéressé par notre porte-monnaie ! Ce qui l'intéresse, c'est notre amour. À Mar Moussa, des aides généreuses de la part de Shell, de la fondation Total, de l'Association britannique liée à la mémoire de Lawrence d'Arabie, sans parler des fonds alloués par la Commission européenne ou le Sénat français, nous permettent de construire de nouveaux bâtiments et de nous organiser pour durer.

Aujourd'hui, grâce à deux projets de coopération italo-syrien puis euro-syrien pour former des jeunes à la restauration de fresques, les nôtres sont devenues la plus belle pièce d'art chrétien de Syrie. Le travail de deux équipes, étalé sur plusieurs années, a réclamé des centaines de milliers d'euros. Nous en avons conduit plusieurs séries, sans complexe, car nous sommes persuadés que ces fresques peuvent rééduquer au goût des belles choses.

En bon Italien, Paolo considère l'art et la beauté comme des richesses spirituelles. Cela doit venir du plaisir qu'il eut, enfant, à trouver dans un pauvre couvent franciscain une Vierge *de Giotto à l'inestimable valeur.*

J'aimerais dire l'immense témoignage que délivrent ceux qui quittent leurs richesses pour le Seigneur : il est très fécond pour un monde qui court après l'argent ! Le renoncement prouve qu'il existe une joie plus grande que celle de posséder.

Pour moi, la pauvreté veut dire réparer ses habits avec une aiguille, trouver normal de cirer ses chaussures, faire sa lessive, rendre service. Cela va à l'encontre du « progrès » que la société nous inculque de manière subliminale. La société nous apprend à laisser les tâches matérielles à d'autres. Elle nous murmure que nous sommes nés pour faire des choses plus importantes.

Moi je crois tout le contraire. La valeur de la vie est dans sa petitesse. Ce qui n'a pas de valeur en étant petit n'a pas de valeur lorsqu'il est agrandi. Certaines personnes ne touchent plus rien de concret et éprouvent, une fois par semaine, le besoin compulsif de faire du sport pour utiliser leur corps.

A Mar Moussa, nous faisons un vœu de travail manuel. Nous retrouvons le sens des petites choses et du service. Nous imitons la vie que Jésus a vécue à Nazareth pendant trente ans. Il était proche. Il s'occupait des gens, avec ses mains. Il était simple, solidaire. Il était là, vraiment.

Passion de pauvreté

Le mercredi est jour de grande lessive. A la fin du petit déjeuner, touristes et résidents, moines et ouvriers descendent faire bouillir les dizaines de draps utilisés pendant la semaine. L'eau brûle les mains, la lessive pique les yeux, les bassines se renversent, l'agitation nous éclabousse, les bras fatiguent de frotter, porter, essorer, tendre les lourds draps mouillés. Mais au monastère, la paix du mercredi après-midi ne ressemble à aucune autre.

Le problème arrive lorsqu'un ami a juste besoin que nous perdions du temps avec lui. Pour nous qui sommes habitués à être enregistrés, photocopiés, photographiés, perdre son temps devient un supplice. Perdre son temps avec l'ami qui en a besoin, c'est pourtant la seule vraie preuve d'amitié. C'est ce que Dieu fait avec nous.

Moi, je prêche que la vie spirituelle commence après la fatigue et l'ennui. Sans cela, nous sommes plutôt dans un amusement spirituel, pas dans la Vie. J'observe qu'au début, à Mar Moussa, on trouve formidable l'heure de silence quotidienne. Mais au bout d'un temps, nous voyons surgir une série de travaux plus ou moins urgents, nécessaires, charitables à réaliser à l'heure exacte de l'adoration... Résultat : le Seigneur reste seul, et notre soif de lui n'est pas étanchée.

Une petite sœur de Bethléem me raconta un jour l'histoire d'un musicien qui jouait magnifiquement, chaque jour, à la même heure, du luth à son roi. Appelé à la guerre, le roi lui demanda de continuer à remplir la salle du palais de sa belle musique pendant son absence. Le joueur de luth obéit. L'absence fut longue, très longue : trois mois, un an, cinq ans peut-être. Jusqu'au moment où le virtuose musicien sentit poindre les premiers symptômes

Blonde citadelle

de surdité : l'absence du roi n'allait bientôt plus être adoucie par le plaisir d'écouter sa propre musique. Fidèle bien que sourd, le joueur de luth revint chaque jour, à la même heure, plaire au roi absent. Et pendant ce temps, l'amour descendait au plus profond de son cœur...

Quotidien

A Mar Moussa, que nous soyons cinquante ou dix au monastère, le rythme de vie ne fluctue pas. Le désert est vaste, chacun y trouve sa place. Le fait que les journées se déroulent selon un rythme défini permet à chaque liberté d'émerger et de s'épanouir.

Tous les matins de la semaine, les « permanents » du monastère (moines, moniales, novices, postulants, initiés) se retrouvent pour boire un Nescafé (un « luxe » comparé au café turc traditionnel) dans l'ancienne fromagerie. Chacun se réveille au contact d'une conversation sans but précis, tranquille, comme une famille autour du petit déjeuner. A sept heures, la cloche tinte dans la montagne : c'est l'appel à la prière.

Commencent alors dans l'église les laudes syriaques, dans lesquelles le rôle de la respiration est central. Sa première partie, assez répétitive, arrache chacun sans violence aux images de la nuit pour replacer son esprit dans une perspective objective. Des Psaumes sont ensuite lus, dans une traduction arabe, proche de l'écriture coranique et des hymnes chantés. Enfin, la Bible, Ancien Testament et Evangile, les intentions de prières, précèdent un partage communautaire autour d'une lecture (traduite, si les hôtes sont étrangers) commentée par Paolo ou Jacques.

Vers neuf heures et demie, nous dressons en quelques minutes la table d'un copieux petit déjeuner. Les ouvriers, les hôtes de la nuit, ceux qui viennent d'ermitages alentour, prennent place sur de petits tabourets en bois, autour de tables basses, rectangulaires, recouvertes de plastique, qui peuvent accueillir une douzaine de convives et sur lesquelles de multiples ramequins ont été disposés. Le plus souvent, ceux-ci contiennent du zaatar *(thym mêlé au sésame), des olives, de l'huile d'olive, du fromage des chèvres du monastère, de la confiture, des omelettes, des tomates et des concombres. Chacun se sert et se ressert, en s'aidant de grandes galettes de pain, fournies à profusion, livrées tous les trois jours par le boulanger de Nebek. Hormis les mois d'hiver, les repas se prennent au grand air, sur la terrasse, face au panorama du désert.*

Une fois le petit déjeuner terminé, chacun vaque à ses occupations, accueille les nouveaux arrivants, fait visiter l'église, nettoie les parties communes, range, épluche les ingrédients pour le déjeuner, classe des papiers dans la bibliothèque, se promène dans la montagne...

En milieu d'après-midi, vers 15 heures, la cloche sonne pour annoncer le repas principal. Pour la plupart, pour les ouvriers par exemple, ce repas marque la fin de la journée de travail. Il est précédé d'une courte prière, que les musulmans, lorsqu'ils sont parmi nous, peuvent suivre. Nous mangeons du riz trempé dans des sauces aux légumes. Il s'agit de servir un plat qui puisse être « extensible », car personne ne connaît par avance le nombre d'hôtes qui partageront le déjeuner.

Les heures qui suivent sont parfaitement libres, le jour se couche, créant peu à peu un recueillement propice au calme et à la prière. Ainsi, à dix-neuf heures, lorsque le moment de la méditation vient, tout est déjà calme depuis une heure au monastère.

Vingt heures ou vingt heures trente, toujours dans l'église : l'Eucharistie, un geste qui vaut toutes les paroles. S'asseoir fraternellement autour de Jésus révèle la solidarité communautaire et explique l'hospitalité gratuite et la transparence du regard que les habitants du lieu essayent d'avoir les uns sur les autres.

Enfin, vers vingt-deux heures, le dîner se prend sur les mêmes tables que celles qui ont servi au petit déjeuner, avec les mêmes ingrédients. Puis les femmes ferment la porte du monastère à clef derrière le dernier homme et chacun regagne sa cellule.

A Mar Moussa, il apparaît que l'esthétique de la simplicité offre le meilleur cadre à l'effort mystique.

Les frais, modiques, de cette vie quotidienne sont intégralement couverts par les dons spontanés des visiteurs et des hôtes. A la sortie du monastère, une simple boîte est accrochée à un mur. On peut y lire : « Merci de votre visite et de votre aide. » Pour le gros œuvre, ce sont les mécènes et les donateurs qui financent la construction de nouveaux bâtiments (toujours en pierre, selon une architecture qui se fond dans le paysage), leur agrandissement, l'achat d'un nouveau moteur (pour faire monter l'électricité jusqu'au monastère de neuf heures à dix-neuf heures), d'une nouvelle voiture ou d'un ordinateur.

Le toucher

L'originalité de Mar Moussa est évidente. Elle exsude de chaque monticule de pierres. Elle n'est pas seulement surprenante ou provocatrice, elle est surtout intelligente. L'architecture des bâtiments se fond dans un paysage traversé d'espaces, de sables, de grottes, de nouveaux mondes vaporeux. Elle soulève la prière. C'est une originalité tactile.

Parfois, je m'amuse à observer ceux qui tapent sur leur clavier d'ordinateur. S'énervant sur les touches comme s'ils se battaient contre une machine ennemie, ils révèlent une relation étrange avec leur corps... Il faudrait toujours transformer l'ordinateur, le téléphone portable, les machines électroniques en machines spirituelles.

Le travail moderne est tellement fondé sur le profit qu'il est difficile d'y trouver un goût spirituel. Si nous pétrissons du pain, c'est pour le vendre, si nous allons quelque part, nous sommes pressés d'arriver, si nous rendons un service, nous voulons être remerciés, etc. Nous ne pensons qu'aux fruits du travail. Méfions-nous de ne pas perdre le goût de l'activité humaine !

Le toucher

Loin du Jésus façon Mel Gibson, nous pourrions imaginer un homme aux cheveux courts, au corps simple, dénoué, à la peau lisse ; en lui, nous pressentirions la chair qui nous sauvera : il est accroupi au-dessus du sable de Palestine, faisant de la boue avec sa salive et l'étalant sur les yeux de l'aveugle de naissance. Peut-être passe-t-il l'autre main derrière sa tête (Jean 9, 1-7) ? Là encore, il se tient avec la main tendue, posée sur la peau rugueuse, accidentée, rongée du lépreux, à l'endroit où aucune main ne veut plus s'aventurer (Luc 5, 13). Paolo poursuit, en caressant le tapis bédouin sur lequel nous sommes assis.

Les ermites occidentaux et orientaux s'efforcent de maintenir une union avec Dieu dans chacun de leurs gestes. Pour ma part, je crois qu'il existe une façon d'arriver du bureau, de s'occuper de la bicyclette de ses enfants, de cueillir les fraises dans son jardin, une façon de repasser sa chemise, de laver ses chaussettes, qui nous garde consciemment, doucement, en union avec Dieu.

Bien sûr, certaines activités empêchent toute concentration spirituelle. Avant de les entreprendre, j'aime me concentrer, me préparer pour les offrir : « Seigneur, je veux que ce travail soit pour toi, que cette action ait du sens dans ta relation au monde, dans ta relation à moi. » Même les choses captivantes, intenses ou pénibles, nous pouvons les inscrire dans une aventure relationnelle avec la personne de Dieu.

Réintégration

Moussa Daoud, évêque sous l'autorité duquel je me trouvais, bien que ne cachant pas ses réserves, fut, dès son arrivée en 1994, plus favorable à notre travail. En 1997, il voulut m'aider à réintégrer les Jésuites et, avec mon accord, annonça à mes supérieurs qu'il allait, deux mois plus tard, me renvoyer de son diocèse. A Rome, ils durent se dire : « Que va-t-on faire de lui ? ». Un diplomate du Vatican me demanda mon avis sur le sujet ; je me hasardai à répondre : « Un énergumène comme moi est trop dangereux en dehors des jésuites, il est trop prophétique. Au sein de la Compagnie de Jésus, je serai suivi, conseillé, aidé comme il faut ». Entre temps, au cours d'un séminaire islamo-chrétien à Mar Moussa, je provoquais, sans le vouloir, un scandale : un invité musulman avait tenu, verset coranique à la main, des propos virulents contre les Chrétiens. Evidemment, des Chrétiens présents ne tardèrent pas à envoyer une lettre à l'évêque pour me dénoncer comme un traître. Malgré cet épisode tumultueux, mon plan fonctionna et je fus intégré in extremis dans la famille jésuite. Quoiqu'il advienne, l'accord avec Moussa Daoud était que, si les Jésuites ne m'avaient pas réintégré, le diocèse aurait dû m'accueillir en dernière instance. A aucun moment, mon engagement à Mar Moussa ne fut en discussion.

Ces cinq années de distance avec la Compagnie ont formé un sillon de souffrance dans la vie de Paolo. Même si le monastère lui procurait beaucoup de joies, il se considérait comme un exclu de sa propre famille spirituelle. Tout le long néanmoins, il s'évertua, sans trop d'efforts, à se tenir à une « ligne jésuite » de comportement grâce, entre autres, à la guidance d'Antoun Massamiri, jésuite de Damas, qu'il voyait régulièrement.

En me réintégrant, l'évêque et les jésuites me firent signer un engagement temporaire à ne plus organiser de rencontre théologique interreligieuse au monastère. Et puis assez vite, ils m'envoyèrent reprendre des petites paroisses du nord-ouest du pays. J'acceptai avec joie cette nouvelle charge, heureux d'échapper à une mission en Haute-Egypte.

Chaque dimanche, Paolo partait pour Touffaha et en rentrait le jeudi.

Ces quatre soirées de solitude hebdomadaire lui offrirent l'occasion d'écrire en quatre mois la règle de la communauté. Une fois rédigée, il la présenta à son évêque. Moussa Daoud la trouva ridicule, risquée, trop musulmane, pas canonique, bref non présentable à Rome. Il écrivit donc une synthèse édulcorée qui lui paraissait plus recevable par l'autorité ecclésiastique locale. Aujourd'hui, huit ans plus tard, après un grand travail de réécriture communautaire, cette règle est toujours en discussion au Vatican.

Paolo est-il capable d'« édulcorer » ?

Jean-Paul II

Paolo tient la plus vieille chèvre du troupeau au bout d'une corde. Elle habite Mar Moussa depuis quatorze ans. Notre marche est l'occasion d'observer comment un si long séjour forge le caractère : la chèvre est têtue, déterminée à ne pas se laisser conduire ! Pour résister, elle paralyse tous ses membres et se transforme en un tas inerte de cornes, dents, muscles et poils odorants. Frédéric, patient, la pousse, la porte, la tire jusqu'à ce que, égratignée, elle cède enfin. Peu à peu, la chèvre marche avec nous et fait place au récit.

A la fin de chaque année, le pape venait réciter le *Te Deum* à l'église des jésuites. En général, après la cérémonie, il recevait les étudiants dans la galerie attenante. Je rencontrai Jean-Paul II pour la première fois en 1983. Un an plus tard, je le retrouvai alors que j'achevai la lecture d'un texte papal sur le dialogue. A l'époque, la Compagnie de Jésus était en crise et je trouvais que le sens du dialogue manquait, à l'intérieur comme à l'extérieur des instances de l'Eglise. Une fois n'est pas coutume, je portais ce jour-là ma tenue nette et soignée de jésuite. Au moment où le pape passa devant moi, je l'arrêtai : « Saint Père, je vous remercie de votre enseignement sur le dialogue. Je sollicite auprès de vous une bénédiction spéciale afin de m'aider à devenir moi-même un homme de dialogue... » Jean-Paul II posa un regard doux, inoubliable, sur moi. Il le maintint sans prononcer un mot. Puis il me bénit. Et moi, je partis en extase... Le fait que Pierre bénisse ma vocation au dialogue me lançait en orbite ! C'était magnifique !

Dix-sept ans plus tard, Paolo organisa, avec le nonce apostolique, la visite du cardinal Martini et d'un groupe de pèlerins de son diocèse en Syrie. Il s'investit intensément dans ces préparatifs, devinant que ce séjour servirait de répétition générale à la visite du Saint Père, programmée pour l'année suivante. Le cardinal Martini rencontra les communautés religieuses de Damas et effectua un très émouvant passage aux Omeyyades. Il revint à Rome en confirmant l'opportunité de l'entrée du pape dans la mosquée.

En 2001, le jour de la visite du pape à la mosquée des Omeyyades arriva. Ce matin-là, Jean-Paul II célébrait une messe à la nonciature. J'eus l'autorisation d'y emmener trois moines de Mar Moussa : Jacques, Jens et Houda. Parvenus à lui, nous nous agenouillâmes un instant. En me relevant, je lus dans les yeux de la délégation l'embarras que les prémices de mon discours suscitaient. Je fus bref mais je parvins à dire : « Très Saint Père, il y a dix-huit ans, dans l'église de Jésus à Rome, vous avez béni ma vocation au dialogue. Maintenant, je vous offre le fruit de votre bénédiction : une communauté monastique, consacrée au dialogue islamo-chrétien. » Le pape déposa de nouveau son regard. Il leva la main et bénit notre groupe.

Malheureusement, cet imbécile de photographe ne prit que Jens en photo !

Le procès

A partir du milieu des années 1990, la communauté comptait une dizaine de personnes. Elle tenait un conseil régulier, sous le regard du père Francis, psychanalyste éclairé, homme juste, résidant en Syrie depuis trente ans, pour discuter des avancées et des reculs, des appétits et des frustrations, des joies et des souffrances de ses membres. Ce rendez-vous était, en quelque sorte, la psychanalyse du groupe.

Un jour, la réunion se transforma en procès : tour à tour, chacun se mit à juger la guidance spirituelle de Paolo, déclarant qu'il était trop autoritaire, trop écrasant, etc. Certains proposaient de modérer le dialogue de la communauté avec l'islam.

Ils avaient tout à la fois raison et tort. Raison parce qu'ils mettaient le doigt sur les faiblesses de mon âme, les rigidités de mon intelligence et les incrustations de ma personnalité. Mais tort parce qu'il n'était pas question pour moi de douter de la vocation de Mar Moussa.

Une purification était à l'œuvre. La vérité se trouvait quelque part entre nous... Il existe comme un espace de révélation entre les personnes, dans lequel Dieu agit et la Vérité pénètre. Cela fonctionne quand on est faible, dépourvu, vulnérable, mais toujours fidèle. Ces critiques promettaient un surplus de vérité, de justesse.

Autour d'elles, l'un après l'autre, nous nous sommes repositionnés dans la communauté. Avec grande tristesse, je vis des frères et des sœurs quitter Mar Moussa l'année suivante. Nous étions plus vulnérables que je ne le pensais. Malgré cela, Boutros, Houda, Jens et Jacques restèrent.

Il me fallait garder confiance en ma responsabilité de père spirituel, continuer à m'estimer capable de juger quelqu'un non pas en comptant le nombre de ses bâillements à l'église mais de l'intérieur... Il fallait que je sois plus transparent, plus spirituel, plus profond.

Paolo donne l'impression d'être un roc d'assurance effrité çà et là. Si l'on souffle à l'endroit des cassures, la poussière se soulève, brouille la vision... avant de se reposer sur le roc invariable.

Quitter Mar Moussa

Moi je me fiche de Mar Moussa.

Etre au service de l'harmonie islamo-chrétienne, montrer l'amour de Jésus pour les musulmans, cette phrase vaut dix fois plus que Mar Moussa ! Sur ce point, j'ai une approche jésuite : Mar Moussa est un simple instrument apostolique.

Notre mission vaut pour elle-même, elle est gratuite, libre, universelle. C'est ainsi qu'elle peut devenir efficace. Nous sommes des contemplatifs dès lors que nous pouvons nous dire, à tout instant : « Dieu suffit. » L'œuvre, son efficacité, son rendement se jugeront plus tard et ailleurs.

Néanmoins l'attitude contemplative n'est pas préculturelle ou postculturelle. Les lieux, les murs, les mots, les sentiments, le langage forment le cadre de notre contemplation. Contempler le reflet de l'amour de Dieu dans sa propre culture. Dans son propre langage.

A Mar Moussa, le langage de ma contemplation est islamo-chrétien. Comment pourrais-je le rendre plus profond en moi ? Mon langage n'est pas a priori chrétien ou a priori musulman, il est déjà islamo-chrétien.

Paolo me laisse regarder son cahier de notes spirituelles, vieux de vingt ans. J'y observe une écriture plus petite que celle d'aujourd'hui, plus soignée. Je lis : « Dieu, partenaire absolu, tout de lui, tout pour lui. Ciel, terre, salut, lui-même, pour toujours. Tout pour lui : service, effort, vie, mort, moi-même, pour toujours. »

TROISIÈME PARTIE

L'aube du millième matin

« Si on se rappelle ce qu'un instant peut contenir de béatitude, d'assurance, d'espoir, on est tenté de croire que nous pourrions avec cette petite coupe puiser l'univers si on a la vraie croyance et la force non abusée, la force intacte, la force entière. Il n'y a rien maintenant qui m'étonne autant et qui me décourage, que de sentir venir la fatigue ; pourquoi ? Pourquoi devant cette Œuvre, n'ayant rien accompli et étant jeune — pourquoi n'ai-je point la force d'un monstre, d'un dragon ou d'un ange, ou simplement la force d'une petite fleur qui fait, obéissante, tous les miracles que Dieu a voulu imposer à sa douce et passagère existence ?... »

Lettre de Rainer Maria Rilke
à Mimi Romanelli[1], 25 août 1908.

1. Rainer Maria Rilke, *Correspondance, Œuvre III*, Seuil, p. 127

Une vie ratée

L'hypothèse qu'on puisse rater sa vie est dramatique.

Pourtant, elle n'infirme en rien l'amour que Dieu a pour chacun. Rater sa vie au plan social, professionnel, psychologique, relationnel, physique n'est pas si grave pourvu qu'on parvienne à puiser, dans le regard de quelqu'un, la certitude qu'elle n'est pas ratée au plan ontologique.

Si je commençais à croire que certaines personnes sont abandonnées de Dieu, à penser le Créateur incapable de s'occuper de chacun, à croire en la fatalité — si je cédais d'un millimètre à cette logique, alors ce serait moi le premier perdu. En plus, ce Dieu-là ne m'intéresserait pas du tout...

Le vrai, le seul moyen de rater sa vie est de haïr l'amour de Dieu. On raterait sa vie si on trouvait que Dieu est stupide de s'échiner à nous chercher, si on se disait : « Pourquoi, après tout, ce Dieu aime tant les hommes (pour les créer, leur donner la liberté, la parole) et comment tolère-t-il d'être si mal remercié ? » Si on laissait cette question sans réponse, nous finirions vite par haïr ce qui est bon et gratuit. Et là on raterait sa vie.

Autrement, on est arrimés, condamnés à la bonté.

Paolo parle comme un enfant. Souvent, il me raconte ses rêves. Il fait des rêves forts, des songes. Il prétend qu'ils sont liés à notre travail qui « remue toute sa vie ». Les songes mettent parfois plusieurs journées à se déposer sur notre réalité. Ils sont prémonitoires. Un signe que Dieu s'impatiente, délègue, qu'il ne sait plus par où passer.

C'est moi Dieu !

Parfois, je ne sens plus l'existence de Dieu. Dans ma prière, dans ma vie, je ne touche plus rien : le ciel m'apparaît vide, tout se stabilise à mon niveau. Alors, je fais un jeu. Je me dis : « Aujourd'hui, Paolo, c'est toi "Dieu". Tu es le seul être conscient du monde. Décide dans quelle direction tu veux le pousser ! Veux-tu conduire le monde vers la charité, la bonté, ou bien préfères-tu le laisser glisser vers l'égoïsme généralisé ? »

Sois dans le monde comme tu aimerais que Dieu soit !

Et peut-être que tu trouveras Dieu comme tu le souhaites !

Peut-être comprendras-tu que c'était déjà lui qui souhaitait en toi ?

Les âmes malades

Mar Moussa est un récif hospitalier. Le vendredi, jour de vacances, les Syriens aiment à y conduire leurs amis, fiancées, cousins. Ils y sont toujours bienvenus. Mar Moussa sait attraper le temps qui traîne du côté du désert.

Un monastère doit être un asile de consolation pour les âmes malades et fatiguées. Nous sommes de pauvres types. Nous avons été soignés par la tendresse de Dieu et par l'amour communautaire. A notre tour, nous voulons les donner gratuitement. Notre monastère, loin d'être dédié aux « surhommes » et aux « surfemmes », s'occupe des âmes blessées.

Combien de fois faut-il demander à Dieu de devenir des vecteurs de sa grâce pour l'obtenir pour nous-mêmes ? Combien de prières lui ai-je adressées pour qu'il m'envoie des moines et des moniales par dizaines ?

Aujourd'hui, nous sommes peu nombreux, à peine une dizaine, réalistes sur la pauvreté de nos moyens. Nous acceptons parfois de ne pouvoir rien faire d'autre que prier. Le meilleur remède au désespoir, à la fatigue ou à l'orgueil est de nous jeter éperdument dans le fleuve de l'Amour, de nous jeter dans le flux qui coule en nous, qui nous traverse. Le seul médicament est de nous dépasser sans cesse afin de trouver la source vive.

On ne possède jamais la montagne, le silence ou le désert. Ils se dérobent. Leur ampleur, l'aléatoire de leur générosité dissolvent toute volonté d'appropriation. A Mar Moussa comme tout lieu surdimensionné, il faut s'accorder à la cadence des astres pour ne pas se perdre.

Athées

Il est rare que les personnes athées qui assistent à la messe le soir ne saisissent pas la valeur de la vie spirituelle de Mar Moussa. Il semble qu'une part, même infime, de l'expérience monastique passe dans leur vie et que quelque chose de leur solidité passe dans celle des croyants présents.

J'admire le courage des personnes athées qui affrontent leur existence avec de simples perspectives matérielles tout en gardant une fidélité à quelque chose (au travail, aux enfants...). J'admire ces gens lorsqu'ils restent arrimés à la vérité et à la justice qui se trouve dans leur cœur. Je les considère comme de saints athées.

Peut-être la religion n'est-elle réservée qu'aux âmes faibles comme les nôtres. Peut-être ces gens n'ont-ils aucune difficulté à se passer de Dieu... Dieu semble tenir très bien le coup sans eux aussi !

Paolo éclate de rire, comme pour goûter à cette illusoire revanche...

On s'amuse, mais Dieu s'occupe de chaque homme, croyant ou non croyant. Il le sent, le cajole, le touche :

quels que soient ses choix, il reste son enfant... Dieu continue à le créer, à le soutenir dans sa capacité intellectuelle, affective, émotionnelle. Plus, il le confirme : combien de génies athées dans la musique, dans l'art, dans la politique ? Même si les athées ne s'occupent pas de Dieu, lui ne les laisse pas tomber !

Ne nous comparons pas aux personnes athées ou aux autres. Une parabole de l'Evangile évoque les ouvriers appelés le matin à travailler à la vigne et ceux qui s'y rendent à la dernière heure (Matthieu 20, 1-16). Les premiers, au lieu de se réjouir d'avoir travaillé consciemment avec leur maître durant toute la journée, se mettent à jalouser les derniers venus... Certains sont appelés à croire en Dieu dans l'enfance, d'autres dans le vieil âge, d'autres, enfin, dans la mort : mystère de la liberté, des temps, des situations, des contextes ! Je ne juge pas. Soyons ce que nous sommes, tranquillement.

Long silence, Paolo est fatigué. Il pense que nous approchons du terme de notre dialogue. Je ne le crois pas. Trop de questions encore...

Religion universelle

Une religion universelle est en train d'apparaître face à la planète, face au ciel... Son langage est symbolique ; ses fidèles viennent des quatre coins du monde, souvent en tenue de routard. Parfois, ils profitent des aides sociales de leur économie occidentale pour courir les déserts, ce qui est assez paradoxal... Tous ont accès aux mêmes signes, aux mêmes informations. Ce phénomène n'est ni négatif ni positif, il est simplement à observer. Il est d'ailleurs beaucoup plus à orienter, à conduire, qu'à condamner ou rejeter.

Restons conscients néanmoins des risques de dérapage que l'extension d'une telle religion présente. Avec son aspect plutôt relatif, mélangé, syncrétique, douteux, elle pourrait susciter une réaction de repli identitaire. Le globe deviendrait alors l'espace d'affrontements d'unités sur la défensive et cette maladie universelle des âmes qu'est l'aliénation ne tarderait pas à recouvrir sa surface. Si un tel scénario se réalisait, les fondamentalismes en sortiraient renforcés.

Je regarde Paolo. Pourrait-il être un fondamentaliste ? Non. Parce que, en lui, tout circule.

Pour répondre à ce phénomène il faudrait que, bouddhiste, hindouiste, musulman, juif ou chrétien, chacun soit fidèle au sens absolu de sa propre tradition et développe l'exigence de le transmettre. Car nos âmes se languissent de contempler le splendide arc-en-ciel qui se dressera à partir de nos profondeurs et qui sera, à l'évidence, infiniment plus beau qu'un méli-mélo syncrétique !

Un jour, un garçon japonais vint au monastère. Il s'appelait Niko, il avait été élevé dans une famille de tradition shintoïste, très pratiquante. Il s'était converti à l'islam pour devenir soufi. Il était venu à Damas pour apprendre l'arabe et étudier le Coran. Quelques années plus tard, il s'était mis à fréquenter dans son université des musulmans fondamentalistes qui l'avaient peu après dégoûté de l'islam. Après une lourde crise, il avait éprouvé le désir de retrouver les traditions de son peuple. Juste avant de rentrer au Japon, il vint à Mar Moussa et bavarda longuement avec Paolo.

Paolo tenta de le convaincre de ne pas jeter son expérience musulmane à la poubelle : ils cherchèrent ensemble les points communs entre ce qui l'avait fasciné dans l'islam et ce qu'il retrouverait dans le shintoïsme. Il s'employa à le ramener chez lui sans l'enfermer chez lui. Au bout de deux jours, Niko rayonnait d'une joie extraordinaire ! Il pouvait à nouveau aimer de tout son cœur : il avait été consolé par quelqu'un qui ne lui imposait aucun devoir. Plutôt qu'être encouragé à trahir, à perdre ou à tuer, il était désormais certain d'aller plus loin, plus profond, plus universel.

La lance-islam

Un monastère chrétien en terre d'islam ne doit pas devenir une forteresse, un bastion de chrétienté, le ghetto pierreux d'une croyance minoritaire. Au contraire, il doit façonner l'espace où chacun peut s'enraciner, en Dieu, à travers le vocabulaire qui lui est familier. Massignon propose de rechercher ce qu'il y a de plus distinctif en l'autre. Il dit : « Je crois que c'est en s'intéressant à ce qu'il y a de différent caractéristiquement, d'autre, dans la religion de nos amis, et en essayant de l'approfondir non pas pour cesser d'être nous-mêmes mais pour être plus profondément nous-mêmes que réside l'efficacité de notre mouvement[1]. »

L'islam, en nous présentant l'immense dévotion pour Dieu « le grand, le miséricordieux », nous oblige à aller plus loin, plus profond dans la science de l'amour. Louis Massignon, avec son sens extraordinaire des symboles et des images, va jusqu'à dire que l'islam est la lance qui transperce le côté du Christ sur la Croix.

---

1. Conférence de Louis Massignon au Congrès universel des croyants, 13 décembre 1947, in *Louis Massignon, Mystique en dialogue*, nº 90 de *Question de*/Albin Michel, 1992, p. 204

Episode mystérieux que celui de la « lance » en effet. Car lorsque le Christ expire sur la Croix, tout le dessein de Dieu est censé être accompli ; ce que Dieu achève, par cette crucifixion, est d'une certaine manière parfait. Quel besoin, alors, a-t-il d'ajouter à cette histoire apparemment close, ce coup de lance ?

« Venus à Jésus, quand ils virent qu'il était déjà mort, ils ne lui brisèrent pas les jambes, mais l'un des soldats, de sa lance, lui perça le côté et il sortit aussitôt du sang et de l'eau » (Jean 19, 33-34).

A quelle fin Dieu permet-il cet épisode ? Massignon répond en disant que l'islam, symbolisé par la lance à une pointe (unique, comme le Dieu monothéiste), permet le surgissement du sang (l'Eucharistie) et de l'eau (le Baptême), c'est-à-dire la naissance de l'Eglise. En provoquant cette blessure au côté du Christ, la « lance-islam » réclame un surplus de don (eucharistique et baptismal) à l'Eglise. L'islam pousse l'Eglise, le Corps du Christ, à se dépasser.

Que m'apprennent les croyants musulmans ? Par leur prière fervente et régulière, ils rappellent le caractère primordial du face-à-face avec Dieu. Débarrassé des images, leur esprit n'a besoin d'aucun « support » pour se hisser jusqu'au cœur du Créateur. Pour le musulman, le monde entier est une mosquée et le temps de l'existence celui de la dévotion.

On m'a raconté que lorsque Mahomet était entré dans la Kaaba à La Mecque et qu'il y avait trouvé des dizaines d'images peintes sur les murs, il avait été scandalisé. Néanmoins l'une d'elles avait retenu son attention : elle représentait une Vierge à l'Enfant. Alors Mahomet avait mis les mains sur les visages de Marie et Jésus et ordonné que toutes les autres icônes soient détruites. Voilà pourquoi aujourd'hui, dans les maisons musulmanes, on trouve souvent l'image de la Vierge et de l'Enfant.

Mahomet s'est fait le protecteur de Marie et de Jésus. Y aurait-il là un mystère ?

Prière musulmane

Regardons la prière des musulmans. Comment imaginer que Dieu n'y descende pas ? Comment pourrait-il laisser dans la malédiction tout un peuple qui le prie avec cette ferveur, avec cet amour ?

Lorsqu'il se met en prière, le musulman se dit : « Je suis entre les mains du Dieu miséricordieux. » Il s'y place, pleinement, en vérité.

Dans mon âme, je sens la vérité de la prière musulmane. Je n'aurais plus aucun repère de vérité s'il fallait que je trouve la prière musulmane fausse. Car alors cela voudrait dire que je n'ai plus dans mon âme que de l'idéologie !

En Algérie, sur la route de l'aéroport, j'ai vu des colonnes d'hommes, jeunes et vieux, priant sur leur tapis. En voiture, je m'étais dit que « nous allions nous faire avoir » par les musulmans parce que nous, chrétiens, avions perdu la simplicité de cette prière. Paolo sourit.

Quelle est cette crainte de se « faire avoir » ? Il ne faut jamais se comparer. Cessons d'avoir peur... La vérité est toujours complice de la vérité. Chaque atome de vérité est complice de tout autre atome de vérité : tout est coordonné à l'avance et tout va s'accorder de plus en plus. Jamais il ne faut avoir de haine pour la vérité sous prétexte qu'on la voit chez les autres !

Dieu est généreux. Il a créé les hommes au sein de nations, de tribus et d'appartenances religieuses différentes : certainement, en tout cela, il y a une sagesse. Dieu accepte que, à cause de notre péché, sa divinité soit humiliée dans l'idéologie, le dogmatisme fermé et la vision sectaire. Dieu se laisse humilier dans les âmes de ses enfants. C'est vertigineux. Lui qui est descendu au fond de toutes les âmes reste actif en chacune d'elles, il continue à se passionner pour les regards éteints et les rallume.

Dans l'Eglise, nous croyons, et nous avons raison de croire, que le mystère de Jésus de Nazareth est parfaitement adapté à l'homme, que le langage de l'Eglise, inspiré par l'Esprit Saint, est adéquat au mystère. Malgré cela, celui-ci nous dépasse toujours, il ne se laisse pas capturer si facilement !

Avant de chercher à savoir si Dieu a envoyé Mahomet, nous pouvons reconnaître que cet homme, qui a vécu une vie difficile, passionnée et contradictoire, est devenu un point de repère pour des millions de gens. La sincérité des millions d'individus qui, depuis quatorze siècles, prient, font l'aumône, partent en pèlerinage pour imiter Mahomet, l'homme Mahomet, fils d'Abdallah, ne fait pas de doute. Je pense que l'Eglise, maîtresse en discernement, ne pourra pas longtemps continuer à séparer la sincérité des musulmans de celle de Mahomet.

Les cadeaux que nous recevons, nos attributs, ne sont

pas faits pour nous distinguer les uns des autres mais pour être partagés. Jésus n'est pas Fils de Dieu pour nous prouver que nous, pauvres hommes, ne le sommes pas. Au contraire, il est Fils de Dieu pour nous procurer le sentiment d'être, nous aussi, ses enfants. Si l'Eglise croit au salut pour ses fidèles, alors il est absurde d'en exclure l'immense masse des non-chrétiens ! J'ai confiance dans le fait que, par le dialogue, l'Eglise découvrira l'activité de l'Esprit dans les autres traditions, qu'elle comprendra l'acte accompli par Dieu en cette révélation polémique que l'islam représente dans l'histoire de l'humanité. La lumière avance dans chacune des traditions plurielles de la religion humaine.

Je remarque que l'étrange formule « les traditions plurielles de la religion humaine » a remplacé celle des « autres religions »

Si seulement nous admirions le travail énorme de Dieu dans toute âme, dans toute tradition, dans toute famille humaine, alors notre âme s'élargirait, notre cœur s'ouvrirait, nos yeux pleureraient et notre intelligence serait prise dans un vertige de vérité !

Etrangeté du mal

Dieu ne comprend rien au mal, il n'arrive pas à cerner nos logiques maléfiques ou perverses, il est comme un enfant. Rien ne se construit en lui à partir du mal. Notre culpabilité ne l'intéresse pas. Il est comme une mère qui verrait son enfant en train de se noyer : elle n'aurait pas l'idée de le gronder ou de le punir, elle sauterait tout de suite pour le sauver.

Il n'y a pas d'eau à Mar Moussa, et pourtant Dieu y plonge toute la journée pour nous sauver de la noyade.

Quand je pense à la Sainte Famille, résidant à Nazareth, je vois des gens qui ne comprennent rien au péché. Je les imagine fuir la malice, d'instinct, dès qu'ils la devinent !

Plus on comprend quelque chose de Dieu, et moins on a envie de comprendre quelque chose au péché.

Celui qui me veut pour sa lumière, Dieu, n'est pas comptable. Il a déjà payé le montant de la rançon pour obtenir notre liberté.

Dieu est ruiné par sa compassion : plus on est pécheur, plus on est cher... mais plus le salut est puissant.

Inhumanité

Lorsque, de mes yeux, j'ai vu une mégapole comme Manille, je me suis dit : « Les pauvres se reproduisent plus vite que la capacité d'une culture à se répandre. » Le poids excédent (la masse non intégrée) de l'humanité est devenu si lourd qu'il ne pourra bientôt plus être absorbé. Nous sommes dans l'angoisse que cette marée humaine nous engloutisse.

Sais-tu que, au Brésil, on abat les enfants des rues au revolver ? On les exécute comme des chiens. Parce que la population est tellement fatiguée d'être sans arrêt attaquée, angoissée par la prolifération de ces enfants, par leur frénésie à se reproduire qui fait qu'à treize ans ils ont déjà des enfants des rues dans leur ventre, qu'elle n'hésite plus à les abattre.

Il m'est douloureux d'imaginer que cette inhumanité vienne d'une Amérique latine qui se prétend chrétienne. Comment peut-on se dire chrétien et ne trouver aucun remède à l'injustice au niveau de l'organisation de la société ? Le plus souvent, les Etats ont renoncé à mettre en pratique l'Evangile... sauf en l'utilisant comme un alibi de leur ordre moral. Chez eux, la parole de Dieu ne concerne que les organes sexuels ; les organes sociaux, eux, en sont exemptés... Les armées, on les bénit, la propriété, on la bénit, les privilèges, on les bénit, mais la sexualité, elle, reste frappée d'interdits. Je ne dis pas qu'il n'est pas important de vouloir être chaste pour le royaume de Dieu. Mais pourquoi rester si profondément injuste ?

Pour les groupes humains dépourvus de culture, de spiritualité, d'effort intellectuel ou d'exigence scientifique, il faudrait fournir un tel effort éducatif qu'il reste à espérer qu'Internet et la télévision s'en acquitteront. Autrement, toutes les énergies sont à déployer : pas une seule initiative mais un million, pour empêcher que cette humanité s'écroule sur elle-même !

Paolo me confie son inquiétude au sujet du manque de maîtres dont pâtit notre génération. Il est sensible à l'immense besoin des âmes et inquiet du petit nombre de personnes qui s'en occupent... Certainement, en ce constat, il participe à l'angoisse divine.

Célibat

Dans l'Eglise d'Orient, les prêtres ne sont pas toujours célibataires. Mais le fait qu'ils soient mariés n'enlève rien, je crois, à leur efficacité apostolique.

L'Eglise occidentale du Moyen Age a développé une idée mystique du pasteur, conçu comme époux de son Eglise, à l'image du Christ. En outre, pour des raisons administratives et un souci de transparence économique (afin d'éviter que les prêtres transmettent les biens de l'Eglise en héritage à leurs enfants), l'Occident a peu à peu érigé le célibat des prêtres en loi.

Mais puisque l'Eglise ne peut pas se passer de prêtres et qu'elle se trouve face à une pénurie de vocations sacerdotales, peut-être sa position sur cette question évoluera-t-elle ?

Paolo n'a pas manqué d'analyser cette question.

Demander aux gens de ne pas se marier pour rester efficaces sur le plan ecclésiastique est absurde ! Si on demande aux séminaristes de renoncer à fonder une famille, il faut que ce soit pour Dieu seul ! L'efficacité ecclésiastique ne vaut pas ce sacrifice. C'est l'Esprit Saint qui doit rendre le prêtre célibataire, non la loi. L'automatisme légal n'aide pas les prêtres à s'épanouir dans leur choix ; au contraire, il retire à leur démarche sa dimension de gratuité et la lie à un volontarisme risqué.

Aux prêtres, finalement, on demande peu de renoncements : ils restent liés à leur famille, à leur milieu, à leur nation, à leur société. L'Eglise d'Occident leur demande surtout de renoncer à leur sexualité ! Et la prêtrise devient anatomique !

Avoir la vocation de devenir prêtre n'est pas nécessairement avoir celle de l'abstinence. Les deux vocations sont distinctes. Heureusement, pour la plupart, le travail et l'effort finissent par les unir en une seule vocation. Mais ceux qui n'y parviennent pas ne peuvent pas, à l'évidence, se montrer efficaces au plan évangélique. Ces malchanceux rendent, avec leur tiraillement, leur souffrance, leur culpabilité, un contre-témoignage aux fidèles.

En outre, libérer le ministère d'Eglise de l'obligation au célibat pourrait rendre plus visible et plus fort le rayonnement de la consécration monastique. Les moines, eux, restent célibataires car ils ont pour vocation de manifester, par toute leur personne, le Christ amoureux de son Eglise.

En Orient où les prêtres catholiques se marient avant leur ordination, leurs épouses jouent un rôle fondamental : souvent elles participent à l'hospitalité de la paroisse, conduisent le catéchisme des enfants, activent les réseaux d'entraide locaux. Elles ont un rôle diaconal très précieux.

Homosexualité

Je suis persuadé que l'attitude homosexuelle est inséparable de la nature humaine. J'ai observé que souvent
elle s'éveillait, à l'instar de la Grèce antique, dans la
relation maître-disciple. Je remarque également que la
question homosexuelle n'a jamais été autant débattue
dans nos sociétés qu'aujourd'hui.

Peut-être cela est-il lié au fort individualisme qui a
cours et qui donne le sentiment que personne n'est plus
responsable de l'avenir de l'humanité. En effet, il est
évident, en Occident, que la procréation, la perpétua-
tion de l'espèce ne sont plus conçues comme des devoirs
fondamentaux.

En outre, le fait que nos sociétés « génitalisent » à
outrance notre identité peut rendre difficiles les amitiés
chastes ou les ententes sublimées entre personnes du
même sexe. Pourtant, il suffit de regarder les disciples,
les amis, les frères, les sœurs, les saints, les prophètes
pour comprendre que les relations qui ont fait l'Histoire
n'existent pas seulement au niveau génital ! Au
contraire, la personne s'humanise par la sublimation de
sa sexualité. En ce sens, toute la culture humaine se
forme, se consolide, s'épanouit via une sublimation de
l'éros.

Voilà pourquoi tout individu gagnerait à se laisser marquer par l'effort de chasteté. Il faudrait que, mariés ou pas, les chrétiens, hétérosexuels ou homosexuels, touchent et goûtent à la saveur de l'union de Jésus à son épouse l'Eglise. C'est l'Eros de l'Evangile !

Même si le point de repère essentiel de notre société est le couple hétérosexuel, on ne peut pas exclure les personnes homosexuelles de son fonctionnement. Je n'ai pas d'avis sur leurs revendications sociales et juridiques. Je suis un homme d'Eglise, je veux être un homme de Dieu, je ne souhaite pas polémiquer sur la pertinence des choix sociaux de nos dirigeants. Ce qui m'importe est de transmettre l'expérience mystique. C'est-à-dire proposer aux « homos » comme aux « hétéros » de disposer leur âme à l'altérité ; leur donner le goût de l'Autre. L'Eglise doit œuvrer à cette éducation sans l'imposer par la loi.

Moi-même, lorsque je confesse quelqu'un, je ménage dans mon intime un espace pour l'accueillir. Je développe la fonction la plus féminine de ma personnalité pour accoucher un nouveau fils à l'Eglise. L'altérité du pénitent s'intègre à mon unité, et, dans le sacrement de réconciliation, le souffle divin passe entre nous.

Dieu est le « Tout-Autre ». Louis Massignon, qui à vingt ans pratiquait une homosexualité orientaliste, a reçu dans la nuit du 1er au 2 mai 1908 ce qu'il appelle la « visitation de l'Etranger ». Tandis qu'il se trouvait dans une fièvre, une culpabilité par rapport à cette attirance pour les hommes, il a été comme « visité ». Ligoté à une couchette sur un bateau qui descendait le Tigre, blessé par une tentative infructueuse de suicide, Louis est entré en contact avec des figures sublimes.

Homosexualité

L'expérience de Louis Massignon prouve que, sous le regard de Dieu, être homosexuel n'est qu'un détail. Là où notre époque est désireuse de tout savoir, de tout aplatir, de tout raconter et de tout condamner, Dieu, lui, garde le sens de l'oblique.

Mariage

Permets-moi de dire un mot sur le mariage.

Je crois que l'Eglise aurait intérêt à raffermir sa position sur cette question : elle devrait se distinguer des instances civiles en n'offrant son mariage qu'aux chrétiens solides. A ceux qui, sans aucune conviction religieuse, souhaitent simplement se prêter à une comédie de mariage en blanc, je propose de l'organiser ailleurs que dans une église... S'ils s'aiment, cela devrait suffire ! Pourquoi cherchent-ils la caution d'une instance qui n'évoque rien à leur esprit ?

Ma sœur, Maqui, qui prétend ne pas croire en Dieu, ne s'est jamais mariée à l'église. Elle a fini par s'engager avec l'homme de sa vie devant le maire et ses trois enfants... Pour mon père, ce fut difficile à accepter. Il y a bien longtemps, elle nous invita à la pendaison de crémaillère qu'elle organisait avec son petit ami. Sur le chemin, je vis mon père perplexe : il s'interrogeait sur la valeur de cette union. Pour ma part, il me semblait que nous allions fêter un mariage naturel, car en décidant de s'installer ensemble, Maqui et son amoureux manifestaient un désir d'engagement durable. Ainsi ai-je dit à mon père : « Imaginons la joie immense de Dieu de voir des gens qui s'aiment, lui qui a créé la nature avec tout son amour ! Rendons grâces à Dieu, et soyons heureux pour eux ! »

L'Eglise se décrédibilise en acceptant de n'être parfois que la couverture folklorique d'un engagement. Elle devrait avoir l'humilité de ne pas être partout pour se consacrer à l'essentiel. La transmission de la dimension mystique et christologique du mariage est l'essentiel. Le défi n'est pas dans la quantité de mariages célébrés mais dans la qualité de l'expérience spirituelle que l'Eglise offre aux fiancés. L'Eglise ne peut pas tout investir. Faisons en sorte que ce soit la société qui jalouse l'Eglise plutôt que l'inverse !

Une fable

Quel pape, une fois élu, pourrait dire : « Je ne souhaite pas vivre au Vatican, je préfère m'installer dans une maison de la banlieue de Rome » ? Il s'établirait dans un quartier populaire avec quatre ou cinq prêtres. Trois soirs par semaine, il partagerait leur repas communautaire.

L'un des prêtres travaillerait avec les prostituées, l'autre avec les enfants des rues, le troisième s'occuperait de la catéchèse dans les écoles, le quatrième serait théologien à la Grégorienne et le cinquième s'occuperait des personnes âgées. Et chaque matin, un taxi viendrait chercher le pape pour l'emmener travailler au Vatican.

Peut-être le pape rêve-t-il d'un tel scénario ? Peut-être est-ce une épreuve pour lui de ne pas partager ainsi la vie quotidienne de quelques-uns, au sein de l'Eglise locale ?

L'Eglise n'est pas parfaite ; Dieu a la patience de supporter ces papes, ces Pierre-là et c'est merveilleux ainsi !

S'il fallait que je m'inquiète d'une chose, ce serait de notre dé-responsabilité : nous sommes trop infantiles par rapport à l'autorité. Autour de l'agonie de Jean-Paul II, lorsque j'entendais : « Si Dieu voulait changer de pape, il le rappellerait auprès de lui », j'avais l'impression que nous régressions dans une forme d'obscurantisme.

Autrefois la question ne se posait pas puisque la mort arrivait vite ; maintenant, avec la médecine, on n'en finit jamais de mourir. Même si Jean-Paul II, ce saint homme, a vécu son agonie avec une générosité immense, il eût été juste qu'il puisse se reposer à Czestochowa et y prier pour l'Eglise... Rester pape jusqu'à la mort sacralise à outrance la charge de pape. Or si elle a un sens profond, historique, celui-ci n'est pas figé !

L'Eglise a pour mission de seconder Dieu. Elle le fait en liberté et conscience. Si on analyse l'ecclésiologie antérieure à 1054, date de la séparation des Eglises d'Orient et d'Occident, on découvre que les fidèles de l'Eglise d'autrefois étaient très responsables ; dans l'Eglise du premier millénaire, les décisions étaient prises au cours de synodes[1], c'est-à-dire d'assemblées locales. C'est au second millénaire, lorsque l'Eglise se réorganisa en modèle impérial pour contrebalancer l'Empire civil de Rome puis contenir la propagation de la réforme protestante, qu'elle ratifia en quelque sorte son modèle centralisé. Le paroxysme de cette centralité a été atteint en 1870 avec la promulgation du dogme de l'infaillibilité pontificale.

Aujourd'hui l'Eglise de Rome présente l'avantage d'être neutre et indépendante de l'influence des pouvoirs politiques, mais si sa structure se crispe, elle risque de paraître sectaire et d'affaiblir sa portée universelle. Si une telle crispation se produisait, l'Eglise ortho-

---

1. Etymologiquement, synode vient du gec *sun-odos*, qui veut dire « marcher ensemble ».

doxe pourrait devenir une alternative séduisante, tout comme l'évangélisme. Nous verrions alors des chrétiens quitter le giron de l'Eglise catholique parce qu'ils s'y sentent trop à l'étroit. Par là, ils protesteraient contre l'hyperdulie de son autorité. Un tel scénario serait fort regrettable.

Nous, Eglises catholiques d'Orient, restons structurées en synodes autour des patriarches. Nous croyons que Dieu a créé tous les hommes à son image, pas seulement les chefs. Cela donne à chacun le goût de participer à l'œuvre universelle. Ne perdons pas l'attitude d'une Eglise participative !

La volonté de Dieu, comme sa parole, ne tombe pas du ciel, elle germe dans la terre ! Nous sommes tous cardinaux !

Champ magnétique

La surface terrestre est truffée de tombes de jésuites. Du sud de l'Inde à la forêt amazonienne en passant par la Chine et l'ancienne Perse, ils sont partis sur toutes les routes avec, pour seule arme, leur alliance personnelle avec Dieu, révélée dans les exercices spirituels. Les jésuites font le vœu d'obéir au pape. Ainsi, on trouve toujours au cœur de leur liberté le sens de l'obéissance.

J'observe que la conscience individuelle de Paolo, même si elle développe ses propres convictions, reste arrimée à la grande institution à laquelle il a dédié sa vie : l'Eglise.

Je crois qu'il existe une plus grande quantité de présence divine dans l'Eucharistie que dans ma propre tête ou dans mon propre cœur. Aussi, je peux comprendre que le corps collectif du Christ (l'Eglise) ait une compréhension des choses qui soit supérieure à celle de ma conscience individuelle.

Par exemple, dans l'Eglise, je n'ai aujourd'hui pas le droit de dire que Mahomet est un prophète. Mais puisque j'aimerais que cette question progresse, je choisis de témoigner de mon expérience. Je souhaite dire à l'Eglise que le fait de considérer Mahomet comme prophète ne me fait rien perdre du Christ, en qui je crois.

Cependant, j'accepte que cette formule soit refusée par une Eglise qui se cramponne, d'une certaine manière, au mystère auquel elle veut rester fidèle. Et qui feint, de ce fait, de ne pas comprendre ce que je cherche à transmettre... Par amour, j'accepte d'être réduit au silence. Cela n'aurait rien de scandaleux. Le cas échéant, mon attitude célébrerait (et rappellerait) que la Vérité me dépasse. Parce que je sais que la communauté des croyants qui forme l'Eglise détient, à travers un processus temporel, voire un procès, un point de vue plus large et plus profond que le mien. C'est pourquoi d'ailleurs je consacre autant d'énergie à ce processus collectif. Mon expérience et ma certitude acceptent par avance de se plier aux lenteurs et de circuler à travers les méandres du développement communautaire...

Je sais l'Eglise plus grande, plus vraie, plus capable que moi. L'Eglise est complexe, mystérieuse, visible et invisible, céleste et terrestre, future et passée. Elle est l'objectivation de Dieu (elle est posée par celui qui a posé le monde). C'est pourquoi elle dépasse la capacité qu'a chacun de la comprendre. Tout entendement personnel est moindre que celui d'une collectivité croyante. Le collectif est l'espace des révélations. Je remarque d'ailleurs que le fait de se rencontrer, de sortir de soi-même, de chercher entre nous la communion par le dialogue, rend possible la Pentecôte, la descente de l'Esprit.

Paolo se figure l'Eglise comme un champ magnétique avec Jésus au centre, attirant tout à lui. Son approche exclut la limite, le passeport, la frontière catholiques. Elle préfère rendre attirante, souhaitable, idéale l'imitation de Jésus-Christ.

Champ magnétique

L'Eglise a toujours accueilli des âmes d'envergure, disposées à redonner espoir à celles qui n'en faisaient pas partie. De tout temps, des prêtres, des moines et des femmes religieuses ont su, au nom de l'Eglise, mettre des âmes au large et les calibrer à la taille du cœur du Jésus.

Pourquoi Paolo a-t-il, avec un charisme si puissant, aussi peu de disciples ? J'ai interrogé de nombreuses personnes de son entourage et aucune ne m'a livré une réponse satisfaisante. Tous mentionnent son « caractère », sa « violence », son « intempérance ». Je n'y trouve pas mon compte. Il doit y avoir encore autre chose.

Prophétie

Un jésuite libanais avec lequel je discutais à la sortie d'une conférence à Beyrouth me dit : « Le problème de Paolo vient de sa certitude d'être dépositaire d'une prophétie. » Paolo, en effet, clame depuis son désert une vérité déroutante. C'est la définition du prophète. Autre indice : les prophètes ont toujours des problèmes...

Il faut casser les idéaux rétrécis... Si un bel idéal politique n'est pas porté par la prophétie, le système se transforme vite en nihilisme de masse. Chaque citoyen, à son échelle, doit viser le bien commun. On l'oublie trop souvent dans nos sociétés nanties de démocratie. Participer à un Etat démocratique est autrement plus stimulant que chercher les moyens de gagner plus d'argent en travaillant moins : cela réclame qu'une vision, un souffle, une prophétie deviennent consubstantiels à la dynamique collective.

A chaque époque, des hommes ont eu accès à certains mystères et ont assumé de conduire leurs contemporains. L'histoire montre qu'ils l'ont fait d'autant mieux que leurs positions n'étaient pas idéologiques. L'essentiel était dans leur souffle : ils témoignaient d'une vision nouvelle : « J'ai vu quelque chose, je vous l'annonce ! »

Paolo rembourre sa phrase dans sa barbe, comme lorsqu'il parle de quelque chose d'évident, qu'il sur-joue son rôle en quelque sorte.

Et si cela vous intéresse, alors bienvenue !

Comment fait-on une prophétie ? On sort de la société, on monte dans la montagne et on commence à crier. On pose des questions percutantes, on témoigne d'une vérité qui reste elle-même quoi qu'en disent les hommes.

Souvent la voix du prophète n'est entendue qu'après la catastrophe qu'il a annoncée. Un prophète ne prend pas parti. Il est fidèle à son appartenance à la vérité. Il comprend le bien-fondé de la contestation éventuelle et ne cherche pas à la combattre. Son rôle est de rappeler ce qui lui semble avéré. Car son unique objectif est de courir l'aventure de la vérité, cette vérité qui veut conquérir le monde.

Dans le fond, le prophète se met au service d'un mouvement qui le dépasse tout le temps. Il se met au service d'une expérience de vérité qui le dépasse tout le temps. Face auquel il est petit, fidèle et obéissant.

J'aime ces Indiens qui vont à l'attaque en se disant : « C'est une très belle journée pour mourir. » Moi-même je me dis : « Si cette journée n'est pas vécue comme une belle journée pour mourir, elle est fichue. » Chaque journée doit sonder la vérité à fond. Elle doit être l'occasion de vivre le sens jusqu'au bout, à mort ! Chaque jour, mener le dernier combat, la lutte définitive.

Les masses disponibles

La réflexion qui vient, je ne l'ai jamais entendue ailleurs. Elle est originale. Elle n'appartient ni à Paolo ni à moi : elle est surgie d'un frottement mystérieux de nos humeurs avec le désert, le temps. l'expérience, la naïveté. Elle est une pensée, une vraie.

Au XXIe siècle, la plupart des groupes humains sont attribués : les chrétiens, même s'ils sont toujours à réévangéliser, sont « rangés », les musulmans, les juifs, les hindous, les shintoïstes, les bouddhistes également...

Bien sûr existe toujours, heureusement, la formidable aventure des conversions, la possibilité d'une rencontre bouleversante de Jésus de Nazareth, qui justifie notre effort à porter l'Evangile jusqu'aux confins du monde. Çà et là subsistent également quelques centaines de millions de personnes à la recherche d'une insertion dans la culture globale, universelle. A ceux-ci, il est de notre devoir de présenter la religion catholique.

Mais reconnaissons que les jeux sont globalement faits : l'Eglise n'est pas seule au monde. Elle se trouve face à la résistance active des autres traditions. Prenons l'exemple des hindouistes qui, depuis saint Thomas, entendent parler de Jésus de Nazareth. On les croyait préchrétiens, désormais ils sont postchrétiens, c'est-à-dire qu'ils résistent concrètement et honnêtement à la révélation chrétienne. Le Christ, chez eux, est digéré comme un avatar de la divinité suprême. Les bouddhistes, eux, croient en leur voie de manière également postchrétienne : tout en gardant beaucoup de respect pour nous, ils restent de marbre devant notre certitude que Jésus est le Fils de Dieu. Enfin le juif d'aujourd'hui connaît parfaitement l'existence de Jésus-Christ, il est éduqué dans la conviction que cet homme né à Bethléem n'est pas le Messie qu'il attendait.

On croyait tout le monde appelé à l'Eglise... Concrètement il se trouve que ce n'est pas vrai : Dieu semble plutôt confirmer les autres dans leur tradition religieuse. Ils y vivent très heureux, très épanouis, ils essayent même de nous convertir ! Tout cela suscite naturellement une question, une angoisse, une curiosité. Tout cela attend une réponse.

Pour Paolo, le dialogue interreligieux est une forme de réponse. Il n'aime pas d'ailleurs le terme de « dialogue interreligieux », et lui préfère celui de « dialogue religieux » ! Paolo n'est pas à la recherche de la « meilleure » religion. Il se pose simplement la question : « Où se trouve la vérité dans les autres religions ? » ou bien : « Comment se saisir, se compromettre, réciproquement, dans la recherche de la vérité ? »

Le foisonnement des croyances exprime l'amour polysémique, polymorphe et pluriel de Dieu pour les hommes. Il se trouve que je porte le mystère de Jésus de Nazareth, personnellement et collectivement (lorsque je célèbre l'Eucharistie), et que j'essaye d'obéir à l'Esprit de Jésus qui parle en moi. Cela m'encourage naturellement à aimer, à mettre en valeur et à reconnaître la prophétie qui anime les cultures que je rencontre.

Paul VI, dans son exhortation apostolique Evangelii Nuntiandi *du 8 décembre 1975, rappelle que « proclamer le nom de Jésus et inviter les hommes à devenir ses disciples dans l'Eglise est un devoir sacré et majeur que l'Eglise ne peut négliger. L'évangélisation serait incomplète sans cela ».*

Bien sûr j'annoncerai, jusqu'au martyre s'il le faut, la Bonne Nouvelle de l'amour de Jésus ! Mais je sais que, en face de moi, un musulman annoncera avec la même intensité la Prophétie coranique. Le seul moyen de donner sa vie pour Jésus est d'aider chacun à être un pèlerin de vérité, ne pas le crisper dans son cadre, mettre en valeur sa propre expérience de Dieu.

Sent-il le baiser d'amour de Dieu sur son front, sur son œil, sur sa bouche ? Alors il embrassera le monde dans un amour sans limites. Je ne propose pas une éducation informative mais une éducation performative. Le monde n'attend pas qu'on distribue des papiers qui ordonnent à chacun de se lever, de s'asseoir, de rentrer, de sortir... Le monde a besoin de personnes initiées à l'expérience mystique. D'une façon collective et individuelle, il faut que chacun sente dans son corps et dans son cœur, grâce à des maîtres expérimentés (c'est-à-dire qui ont fait cette expérience en eux-mêmes), le doigt, le tact de Dieu. Je crois que la belle expérience des Journées mondiales de la jeunesse ne suffit pas à rendre solide et forte la foi des jeunes. Pour la consolider, il faut monter avec Jésus à la montagne.

Un coup de vent soulève mes feuilles. Il passe dans mes narines, réanime les immensités désertiques qui me sont intérieures, une à une, comme les fenêtres d'un village au lever du jour. Alors je ne trouve plus aucune différence entre le battement terrestre et celui de mon cœur. La puissance de Dieu, infiniment vaste, est manifeste.

Communion

Souvent nous prononçons le mot « communion » sans vraiment y croire.

Or la communion est un concept essentiel : communion des saints, communion des dons de l'Esprit, communion entre les hommes, etc.

La communion se compose, par exemple, autour d'une femme au foyer, qui n'est d'aucune manière substituable à une autre femme. Son rôle lui appartient, sa fonction est définie : elle est en quelque sorte irremplaçable.

De la même façon le musulman, en dehors de l'Eglise visible, est irremplaçable. Il a une fonction. L'Esprit de Dieu passe par cette personne, par le groupe auquel il appartient, par son histoire... Devant lui, j'essaye de me mettre à l'écoute de la mystérieuse intelligence du Créateur.

Chaque fois que nous éprouvons un sentiment de communion avec l'humanité, chaque fois que nous apprécions les lois secrètes qui régissent l'équilibre du monde, Dieu entre en extase.

Oui, je crois que la communion humaine porte Dieu à l'extase.

Dialogue

Le dialogue entre les religions, le dialogue des cultures, le dialogue des genres : ce terme est tellement galvaudé qu'on ne sait plus si notre époque, qui n'en finit pas de s'exprimer, détient encore quelque chose à placer entre deux termes. Dans quel état sort-on d'un authentique dialogue ?

Un dialogue réussi laisse un sentiment de communion : ce qui semblait opposé est désormais en harmonie ; ce qui était différent est devenu complémentaire ; ce qui faisait peur nourrit dorénavant la confiance ; ce qui était à perdre, les poids réciproques, est réellement perdu. Au terme d'un bon dialogue, chacun recouvre le péché de l'autre, se pardonne. Nous ne sommes plus étrangers les uns aux autres : nous formons un seul peuple.

Le monde moderne est une arène où des gens sourds s'adressent les uns aux autres. Comme dans ces talk-shows télévisés où le présentateur s'amuse à activer la folie verbale de ses interlocuteurs, les paroles du monde fusent mais personne ne les écoute.

Si ces débits ne nous intéressent pas, s'ils ne nous attirent pas, c'est parce que nous y sentons une crispation. Elle provient d'une crainte profonde, lointaine : celle que Dieu nous abandonne, qu'il ne nous soit pas fidèle. Voilà pourquoi nous essayons de faire mieux que lui, nous protégeons nos identités, nos particularismes, nous nous cramponnons à ce que nous savons. Mais Dieu est fidèle ! Chaque dessein de vie a une beauté extraordinaire.

Ben Laden

Si Ben Laden arrivait à Mar Moussa, je crois que Paolo le cacherait. D'abord pour essayer de le comprendre. Ensuite, pour le convaincre de la folie de sa position et l'encourager à redresser l'éducation des jeunes qu'il a écartés de la bonne voie musulmane. Enfin, après ces longues conversations, il l'enverrait se faire juger.

En désirant la fin du monde, Ben Laden cause, comme les fondamentalistes de toutes les époques, des ravages. A cause de son discours trompeur, des désespérés se ceignent la taille de ceintures d'explosifs dans l'espoir de terminer le monde, d'achever le Temps et précipiter la fin de l'Histoire. Avec leur rage, ils veulent acculer l'humanité à cette bataille finale dont parlent les textes sacrés.

Le vent tournoie dans la pièce, il étourdit notre cerveau. Paolo a les yeux mi-clos, il boit du thé.

J'aimerais avoir de bonnes discussions avec Ben Laden sur la fin de l'Histoire. J'essaierais de lui montrer combien, à mon sens, il connaît mal l'islam, combien il dessert sa religion en la transformant en une petite secte. Je lui expliquerais que l'islam est plus profond, plus élevé, plus noble, plus large qu'il ne le pense.

J'essaierais de l'attirer vers ces espaces-là. Je lui expliquerais que le monde n'a pas dit son dernier mot ; je lui prouverais même l'inverse en lui annonçant que, bientôt, le monde va surgir dans l'extra-terrestre. Nous devons donner à l'humanité, qui se prépare au grand saut, le bagage culturel et religieux dont elle a besoin.

Je finirais par livrer Ben Laden à une cour internationale afin qu'il révèle ses sombres desseins, le plan des ravages qu'il prépare. Je ferais tout pour éviter qu'il soit caché à Guantanamo car je veux que sa folie soit jugée objectivement par la conscience internationale. Son procès portera au grand jour l'immense palude de complicités occidentales et arabes qui, duplices et fourbes, ont préparé le terreau des plantes vénéneuses du terrorisme.

Vieillesse

*La fenêtre de notre pièce ouvre sur une montagne crépus-
culaire, au sommet de laquelle la journée continue à rayon-
ner, comme l'enfant oublie d'avoir sommeil. La crête
ensoleillée, jaune, brûlante s'éloigne du ravin, dévoré par
la nuit.*
Je demande à Paolo ce qu'il fera lorsqu'il sera vieux.

Je ne serai jamais vieux. ... Tu parles de quel âge ?

Quatre-vingt-deux ans.

Il est très peu probable, étant donné ma santé, que
j'atteigne cet âge-là. Mais si j'y arrivais, je ferais comme
tous les vieux : je m'occuperais de mon corps ! Etre
vieux pourrait être amusant... Peut-être que, n'ayant
plus de responsabilités, je pourrais enfin me concentrer.
Il serait plus commode que j'aie Alzheimer : dans ce
cas, je ne me sentirais plus en charge de rien, je serais
plutôt à la charge des autres. Ils se débrouilleraient.
Dans le fond, vieux, je m'imagine très enfant. J'espère
être encore un peu aimé...

Que serait pour toi, à quatre-vingt-deux ans, une vie réussie ?

Une vie où la transparence a pu se développer. Par rapport aux autres comme par rapport à Dieu... J'aimerais que dans mes yeux et sur mon visage transparaisse l'amour de Dieu pour les hommes.

Chaque âge a sa transparence : à vingt ans, on rayonne autrement qu'à quarante. Et jusqu'à plus de quatre-vingt-deux ans, il est possible de dégager une nouvelle lumière... Pour te répondre, j'espère être un grand vieux, capable de communiquer, en dépit de son immobilité, de sa faiblesse physique, la beauté de la réconciliation, du péché remis, de la fidélité. J'aimerais prouver qu'il ne faut pas attendre quatre-vingts ans pour que la vie aie du sens.

En revanche, si ta question me réclame de dresser le bilan type d'une « vie réussie », prépare-toi à ce que je n'y réponde pas : car je me fiche des bilans ! Une vie réussie, c'est une vie qui ne veut pas réussir. Courte, longue, peu importe. Une vie réussie est une vie de fidélité. Je me fiche que le bilan de ma vie soit enviable ! J'aimerais plutôt qu'on voie, à travers moi, la valeur de tout instant.

Parfois, je me surprends à demander une longue vie, peut-être pour développer cette vocation universelle de Mar Moussa, exporter son concept dans le monde entier et mettre mon expérience au service de l'Eglise...

Si néanmoins il me fallait être assassiné, j'aimerais que cela ne vienne pas des mains d'un musulman. Il ne manquerait plus que je fasse un énième martyr chrétien pour enraciner la haine des musulmans : surtout pas ça ! Je préférerais mille fois être tué par un drogué, un mafioso, un désespéré, pourvu qu'il ne soit pas musulman !

Réincarnation

Paolo ne croit pas en la réincarnation telle que les films d'Hollywood la dépeignent. Il trouve même plus digne de rater sa vie une fois pour toutes plutôt que de croire en la réincarnation mal conçue, stupide, que ces mauvaises fictions nous vendent.

La personne humaine est un absolu, individualisé en un corps et son âme, à un moment précis du temps. Cette personne-là ne se répète jamais, elle reste un principe d'unicité absolue. Cependant, à notre mort, le corps se disperse : les vers le rongent, les oiseaux dévorent les vers et les chats engloutissent le tout, avec nous dedans ! Si bien que nous devenons, au fur et à mesure, loup, pommier, pierre, sable, multitude. De l'autre côté il y a les âmes. Elles constituent la chair spirituelle du monde.

Selon moi, à notre mort, la « matière » de nos âmes s'amalgame et forme une sorte de « psychosphère » autour du globe terrestre. Cette « pellicule » n'entretient aucune relation avec Dieu. Au contraire, la psychosphère est la part de nos âmes qui n'est pas encore *levée* dans l'immense lumière. Elle reste proche, voire collée au temps des hommes. C'est par son action que j'explique certains phénomènes intuitifs : deviner le coup de téléphone d'Untel, faire un rêve prémonitoire, convoquer les esprits par le jeu dangereux du spiritisme ou par la sorcellerie. Souvent les sectes proposent de chercher l'espérance dans cette psychosphère qui, tel un dépôt inerte, ne peut pourtant satisfaire personne. La vie des âmes après la mort se déroule plus haut, plus loin, dans le feu de la Résurrection.

Mar Moussa doit être l'unique endroit au monde où la conversation peut se stabiliser à un tel niveau : onirique, intuitif, prophétique, céleste, avec un sentiment de parfait « naturel ».

A notre mort, nous serons happés par la Résurrection finale. Le Christ, nouvel Adam, attirera le Tout vers son éternité, avec autant de puissance qu'un aimant (magnifique ambivalence du mot français qui évoque à la fois le magnétisme et l'amour). Nous serons greffés au Corps du Christ et à celui de la Mère de Dieu en intercédant pour le monde avec tous les saints.

Paradoxalement, le travail d'intercession pour le monde sera notre repos éternel. Nous trouverons la paix perpétuelle en participant à la volonté divine qui parachève toute chose. Moi j'espère que j'aurai un ciel très actif, très reposé.

Comme Thérèse de Lisieux, « je veux passer mon ciel à faire du bien sur la terre ».

Nous irons visiter tous les instants de Vérité de l'Histoire dans un cristal. Nous regarderons sans cesse ce cristal au nombre infini de facettes comme autant d'instants d'éternité. Le Paradis sera la cristallisation de l'Histoire autour d'un cœur battant, Dieu. Il nous faudra toute l'éternité pour visiter l'éternité du monde.

Une des facettes du cristal symbolique que nous ne nous lasserons pas de contempler est le regard que nous portons l'un sur l'autre en ce moment même, ou bien celui du lecteur pris dans ce que tu lui as écrit. Au centre du cristal, une lumière ineffable. Là, il n'y aura plus rien à dire. Elle existe déjà.

Paolo ignore ce qui, selon Massignon, l'attend : « Après la mort du corps, il y a une espèce de mort spirituelle. Il faut, je crois, réellement y passer et c'est une espèce de mort où le mystique s'est entièrement livré à Dieu et où Dieu se retire de lui. Mais il ne faut pas considérer cette espèce de manière de se retirer de lui que le mystique subit de Dieu comme une figure de rhétorique. C'est une réalité épouvantable et qu'il exprime lui-même comme beaucoup plus dure que l'enfer[1]. »

---

1. Massignon jette sa lumière sur la « mort spirituelle des âmes » et l'attente de la Résurrection. Le 5 mars 1944, il expose en ces termes sa conception à Georges Bataille : *Dieu vivant* n° IV, 1945. Cité in *Question de* n° 90, *op., cit.,* p. 35.

« *Ami* »

Paolo entonne doucement un air italien : « Quand tu traverseras le vieux pont, tu diras aux suicidés, en les embrassant sur le front : venez avec moi au Paradis, parce que l'enfer n'existe pas. »

Quand je pense à Judas, je le conçois toujours avec l'intention de bien dans laquelle Dieu l'a créé. Même s'il se trouve en enfer, je l'imagine se réjouir d'enserrer encore cette parcelle d'amour inaltérable. Je la sens pour lui : s'il en ignore encore l'existence, alors j'aimerais lui en transmettre, par-delà nos cloisons, le sentiment.

Ici, un concept musulman vient m'aider : le *Kun*, qui pourrait se traduire par l'injonction « Sois ! ». Terme performatif de Dieu, ordre divin, éternel, dans lequel est concentré son désir de bien infini à l'instant où il crée chaque personne... Toute notre essence est concentrée dans ce « Sois ! »-là, lié à l'intention divine de nous créer. C'est pourquoi, dès que j'adhère à la volonté divine, je trouve ma liberté pure, originelle. D'une certaine manière, elle se situe quelque part entre son âme et la mienne, entre l'ordre divin et mon obéissance, entre son *Kun* et mon *Amen*. Notre promenade humaine a pour seul objectif la pleine réalisation de ce « Sois ! » divin...

Même lorsque je désobéis, Dieu garde intact son désir de liberté pour moi. Il continue à me la souhaiter. Je crois que, même au moment où Judas livrait Jésus à ses bourreaux, la langue du Père continuait à murmurer : « Sois Judas ! »

« Comme il parlait encore, survint Judas, l'un des Douze, et avec lui une bande nombreuse, armée de glaives et de bâtons, envoyée par les grands prêtres et les anciens du peuple. Or le traître leur avait donné ce signe : "Celui que j'embrasserai, c'est lui ; arrêtez-le." Et aussitôt, il s'approcha de Jésus en disant : "Salut Rabbi !" et il l'embrassa. Mais Jésus lui dit : "Ami, fais ta besogne" » (Matthieu 26, 47-50).

Le songe

Paolo, comment vais-je terminer ce livre ?

Ne t'inquiète pas, petite Guyonne, demain matin, les anges arriveront sur la terre avec de grands sacs, ils y enfourneront le soleil et la lune. Comme un tapis, ils rouleront l'océan, en un geste, ils mettront les montagnes en poussière pour préparer l'encens de la dernière célébration et ils diront : « Ça suffit, les enfants, merci, bonsoir... »

Paolo a disparu. Peu à peu, la nuit est tombée sur notre conversation et sur le monde. A notre insu, elle nous a enveloppés... Dieu est ponctuel et délicat.

Table

Composition Nord Compo
Impression CPI Bussière en novembre 2009
à Saint-Amand-Montrond (Cher)
Editions Albin Michel
22, rue Huyghens, 75014 Paris
www.albin-michel.fr

ISBN : 978-2-226-14920-6
N° d'édition : 16919/02. – N° d'impression : 093197/4.
Dépôt légal : mars 2006.
Imprimé en France.